「次はどう動く？」

サッカー脳を鍛える
プレー問題集

辰巳出版

はじめに

チームを強くするには考えなくてはならない

現代サッカーはより組織的になっています。チーム戦術も多様化しており、個の力だけで試合に勝てるものではなくなりました。すべての選手に、水準以上の能力が求められ、走れない、守れない選手では必要とされづらい時代になっています。

組織的になったことで、ボールテクニックに秀でていたとしても正しい使い方を知らなければ、相手を攻略できません。もちろん高い技術は武器になりますが、それを効果的に使うためには、自身も含めた

選手全員が、ピッチ上でのプレーや動きの質を高めることを考えなくてはいけないのです。

本書では、サッカーのポジショニングや動き方、どうプレーしていけば良いかの考え方を問題形式でまとめました。まずは、本で正しい知識と戦術の基本を学び、それぞれの現場で実践してみてください。

また、本書の内容は、たくさんある考え方の一部に過ぎません。サッカーは常に進化をしており、まさに日進月歩です。ですので、本書の内容を元にして、どうやってプレーしていくことでチームが強くなるのかを、自分たちで意見を出し合い考えられるようになってもらいたいと思います。

安永聡太郎

本書の見方・使い方

本書は「プレーのセオリー」や「戦術の使い方」、「状況の考え方」を設問と回答から学べるように構成しています。ひとつだけでなく複数の回答例（考え方）を示していますので、状況別やチーム特性別にも対応できるようにしています。ここでは、各ページの要素を紹介します。

SITUATION

ピッチ上でどんな状況なのかを示しています

QUESTION

設問です。試合状況や考え方における悩みを問題にしています

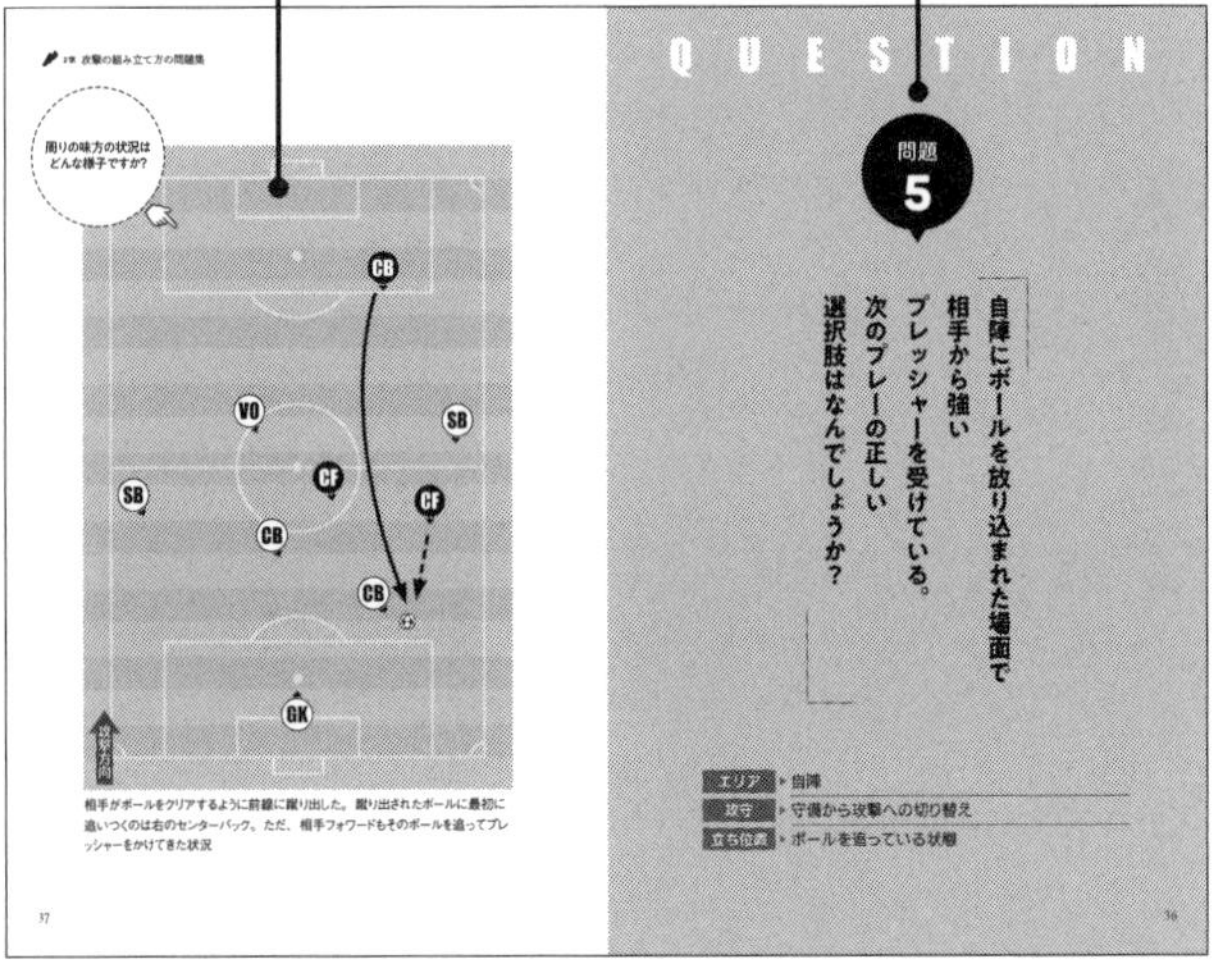

周りの味方の状況はどんな様子ですか?
CB
VO
SB
CF
SB
CB
CF
CB
GK
相手がボールをクリアするように前線に蹴り出した。蹴り出されたボールに最初に追いつくのは右のセンターバック。ただ、相手フォワードもそのボールを追ってプレッシャーをかけてきた状況
37
QUESTION
問題
5
自陣にボールを放り込まれた場面で
相手から強い
プレッシャーを受けている。
次のプレーの正しい
選択肢はなんでしょうか?
エリア 自陣
攻守 守備から攻撃への切り替え
立ち位置 ボールを追っている状態
36

TEXT

「正答例」の理由や状況、補足する内容です

ANSWER

設問に対する答えの例である「正答例」になります

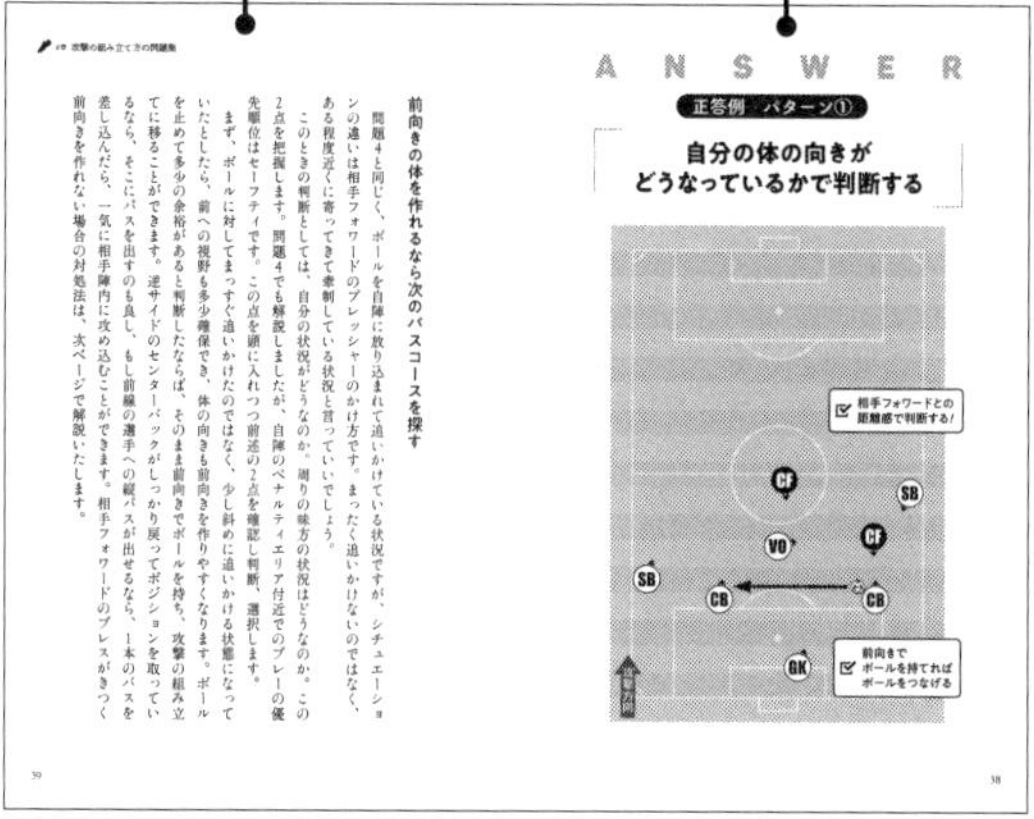
1章 攻撃の組み立て方の問題集

前向きの体を作れるなら次のパスコースを探す

問題4と同じく、ボールを自陣に放り込まれて追いかけている状況ですが、シチュエーションの違いは相手フォワードのプレッシャーのかけ方です。まったく追いかけないのではなく、ある程度近くに寄ってきて牽制している状況と言っていいでしょう。

このときの判断としては、自分の状況がどうなのか。周りの味方の状況はどうなのか。この2点を把握します。問題4でも解説しましたが、自陣のペナルティエリア付近でのプレーの優先順位はセーフティです。この点を頭に入れつつ前述の2点を確認し判断、選択します。

まず、ボールに対してまっすぐ追いかけたのではなく、少し斜めに追いかける状態になっていたとしたら、前への視野も多少確保でき、体の向きも前向きを作りやすくなります。ボールを止めて多少の余裕があると判断したならば、そのまま前向きでボールを持ち、攻撃の組み立てに移ることができます。逆サイドのセンターバックがしっかり戻ってポジションを取っているなら、そこにパスを出すのも良し、もし前線の選手への縦パスが出せるなら、1本のパスを差し込んだら、一気に相手陣内に攻め込むことができます。相手フォワードのプレスがきつく前向きを作れない場合の対処法は、次ページで解説いたします。

39

ANSWER

正答例 パターン①

自分の体の向きがどうなっているかで判断する

38

PATTERN

「正答例」のバリエーションです。状況別に正答例が複数ある場合に紹介しています

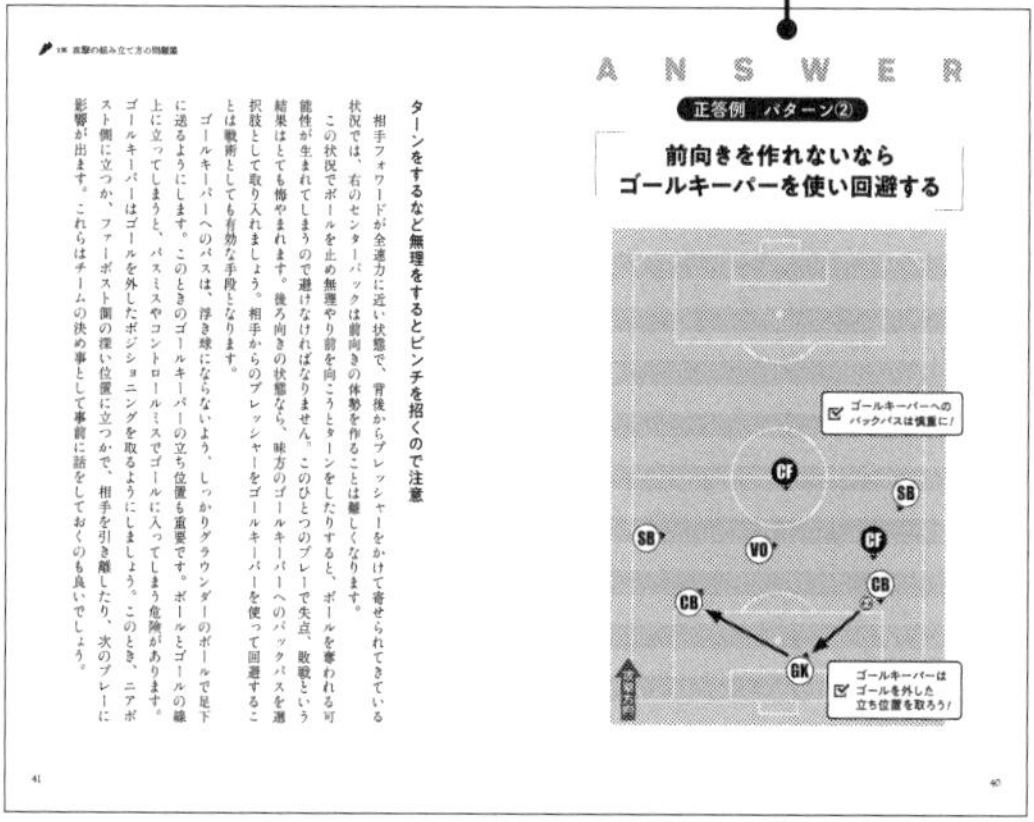
1章 攻撃の組み立て方の問題集

ターンをするなど無理をするとピンチを招くので注意

相手フォワードが全速力に近い状態で、背後からプレッシャーをかけて寄せられてきている状況では、右のセンターバックは前向きの体勢を作ることは難しくなります。

この状況でボールを止め無理やり前を向こうとターンをしたりすると、ボールを奪われる可能性が生まれてしまうので避けなければなりません。このひとつのプレーで失点、敗戦という結果はとても悔やまれます。後ろ向きの状態なら、味方のゴールキーパーへのバックパスを選択肢として取り入れましょう。相手からのプレッシャーをゴールキーパーを使って回避することは戦術としても有効な手段となります。

ゴールキーパーへのパスは、浮き球にならないよう、しっかりグラウンダーのボールで足下に送るようにします。このときのゴールキーパーの立ち位置も重要です。ボールとゴールの線上に立ってしまうと、パスミスやコントロールミスでゴールに入ってしまう危険があります。ゴールキーパーはゴールを外したポジショニングを取るようにしましょう。このとき、ニアポスト側に立つか、ファーポスト側の深い位置に立つかで、相手を引き離したり、次のプレーに影響が出ます。これらはチームの決め事として事前に話をしておくのも良いでしょう。

41

ANSWER

正答例 パターン②

前向きを作れないならゴールキーパーを使い回避する

40

第4章 守備の問題集　

図の見方

味方 相手

CF	センターフォワード
ST	セカンドトップ
WG	ウイング
OH	オフェンシブハーフ（トップ下）
SH	サイドハーフ
VO	ボランチ
SB	サイドバック
CB	センターバック
GK	ゴールキーパー

ボールの動き
人の動き
ドリブル

STAFF
制作・編集 株式会社多聞堂
取材・構成 城所大輔
デザイン 三國創市
写真 ｉＳｔｏｃｋ
校正 福島延好

第1章

サッカーの原理原則と戦術

QUESTION

問題

1

サッカーをするうえで戦術は
とても大事なのは間違いありませんが、
戦術の良し悪しで
すべて決まるものでしょうか？

エリア ▶・・・

攻守 ▶・・・

立ち位置 ▶・・・

戦術が悪いと チームは強くなれない?

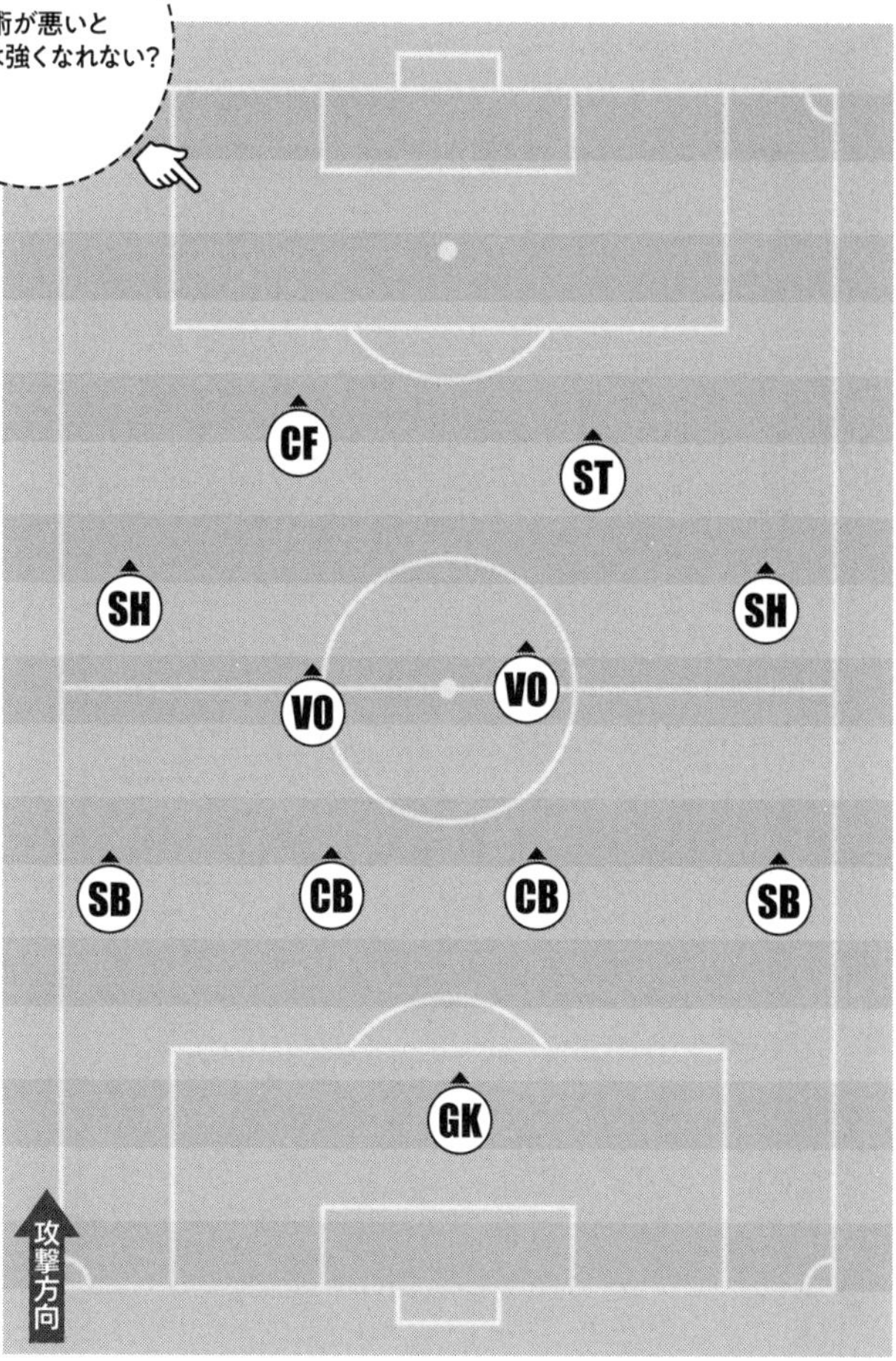

戦術もバッチリ、戦術練習もたくさんした。だから、この戦術をうまくこなせば必ず勝てる。サッカーは戦術がすべて。戦術がないチームは強くなれないから、第一に考えるのは戦術だ。本当にこのような考え方で良いのだろうか

ANSWER

正答例

戦術はプレーするための手段にすぎない
目的はゴールを決めて試合に勝つこと!

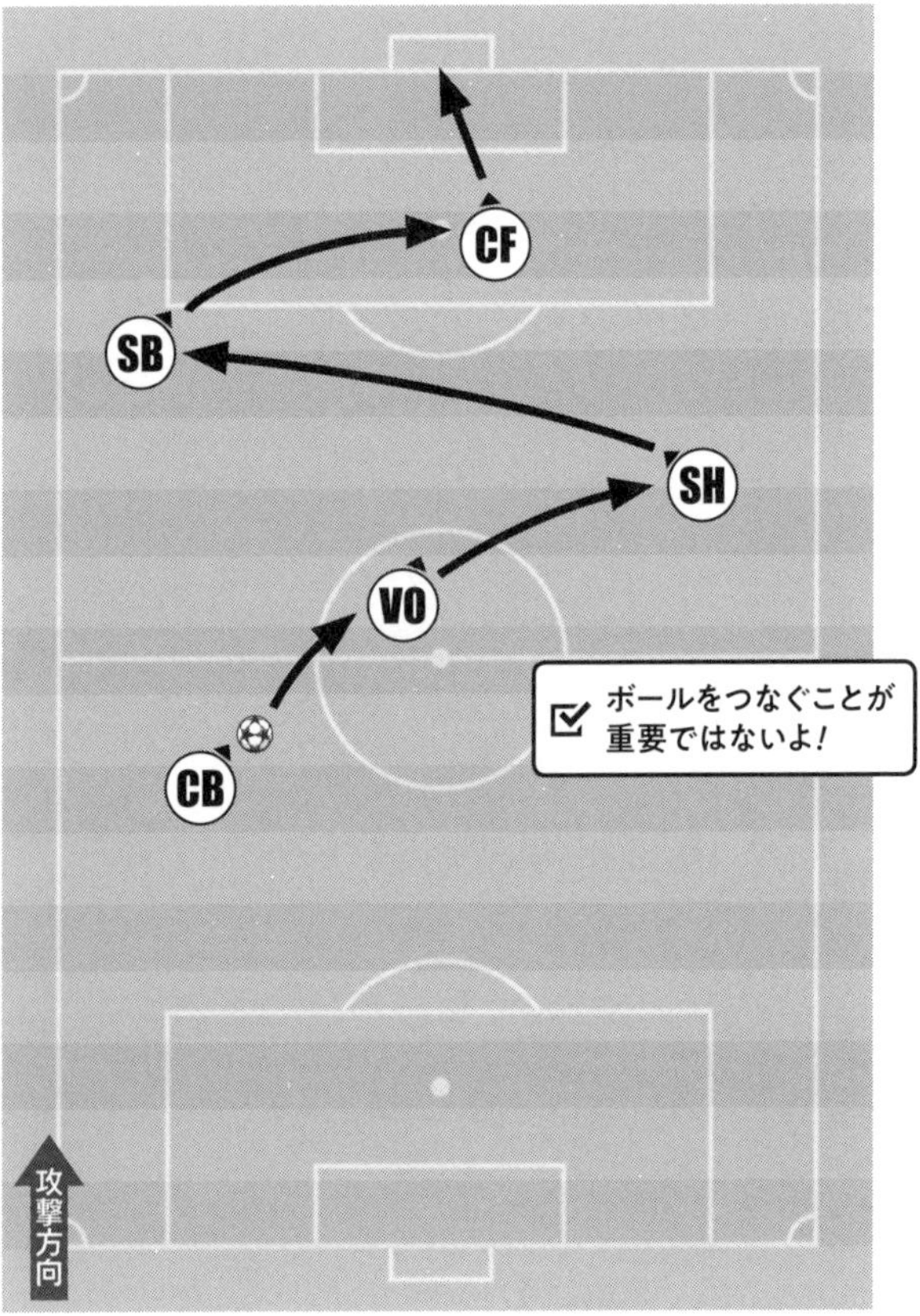

CF
SB
SH
VO
CB
ボールをつなぐことが
重要ではないよ!
攻撃方向

サッカーの原理原則を知らないと正しくプレーできない

サッカーにおいて戦術はとても大事なファクターです。チームの監督がチームに適した戦術を考え実践していくことで勝利に導くことができるのは間違いありません。

しかし、その戦術の良し悪しだけですべてが決まるわけではないのです。戦術とは、プレーをするための手段です。試合に勝つために、練りに練った手段のひとつなのです。

サッカーにおいて、もっとも大事なことはゴールを決めて試合に勝つことです。これが唯一の目的です。よく、チームが上手くいかないことを「戦術が悪い」「戦術的でない」と、戦術のせいにする傾向が見られます。その前に確認してみてください。相手に走り勝っていたのか、球際で負けていないか、勝つんだという強い気持ちを持って戦っていたのか。これらができていなければ、どんなに素晴らしい戦術があったとしても、勝つことはできません。

そもそも、ボールを「止める、蹴る、運ぶ」という基本的な技術は、求めるレベルまで到達しているのだろうか。これらが身についていなければ、戦術云々の問題ではないのです。

例えば、攻撃をしているときにパスが通らないとします。パスが通らないのは、戦術的にポジショニングが悪い。思ったところに動いてポジションを取っていない。これが原因だから、パス回しができないのは戦術が悪いんだと思っていたとします。たしかに、ポジションの立ち位置が悪いとパスが通りずらくなるのは間違いではありません。

しかし、そもそも自分のボールの扱いはちゃんとできていたのかを確認してください。パスを受けたときのトラップは、ちゃんと蹴られる位置に置けていたのか。出したパスの精度とタイミングはベストだったのか。自分のプレー精度が満足したレベルまで達していないのに、上手くいかないのは戦術だと思っているのなら、それは怠慢でしかありません。個人の技術、そして戦う姿勢や行動を見せること。サッカーの原理原則をまずは頭に入れてみてください。

「ただ走る」ことが戦術のおかげで整理されてきた

戦術が多彩になってきたことでサッカーの戦い方はだいぶ変わりました。

サッカーにとって「走る」ことは必要不可欠なもので、走らないと勝つことはできません。

しかし、昔のようにガムシャラにただ走れば良いという時代ではなくなってきました。プロの試合では1試合90分の中で、走る選手で12～13㎞の走行距離というデータが出ています。この距離はとてつもない数字です。この数字を見ると長距離を走ってなんぼのイメージになることでしょう。

しかし、近年は傾向が変わってきていると思います。走る距離は短く、ショートスプリントの回数が増えているのです。これは、攻守の切り替えであるトランジションを用いた戦術が主流となっているのが要因です。

攻撃から守備への切り替え時に、自陣に戻るのではなく前線から積極的にプレッシングを仕掛けます。５ｍのスプリントでプレスをかけ、相手に前線へのロングボールを蹴らせないようにすることによって、自陣までの50ｍの距離を戻らなくてもよくなります。つまり、やみくもにただ走るのではなく、正しく走るための戦術が生まれてきたのです。「ただ」というところが、戦術のおかげで整理されてきたと言えるでしょう。

戦術を効果的に使えば、強く勝てるチームになります。ただし、思い込みは厳禁です。自分たちの戦術が素晴らしいからといって、すべて思い通りに事が進むことはありません。これは、選手だけでなく、私も含めた指導者にも頭に入れていただきたいことであります。

上手くいかないときにどうするのか。いまの戦術を貫くのか、それとも選手の判断のもと臨機応変に変化させるのか。目的はゴールを決めて試合に勝つことです。そのための最善策を取ることが重要だと思います。

QUESTION

問題
2

ベースとなる戦術はどんなものがありますか？
やはり、ポゼッションサッカーが何よりも有効な手段となるのでしょうか？

エリア ▶ ・・・

攻守 ▶ ・・・

立ち位置 ▶ ・・・

ポゼッションサッカーが最強なの?

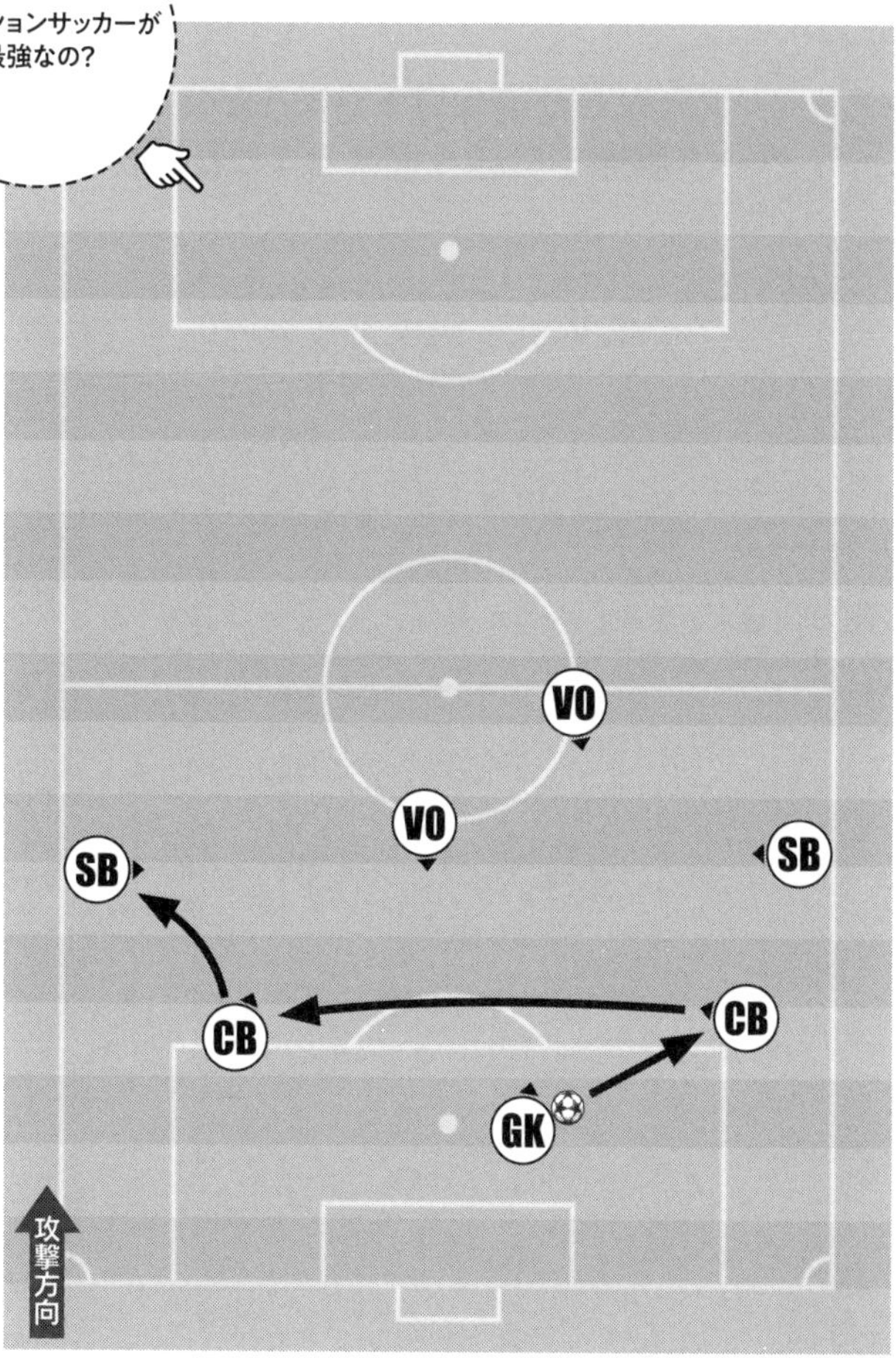

ディフェンスラインから丁寧につないでいくポゼッションサッカーが、現代サッカーの主流であり、日本サッカーにもっとも合った戦術である。本当にそうなのだろうか

A N S W E R

正答例

ベースとなる戦術は持ったほうが良いが ゲーム展開で戦術を変えることも必要

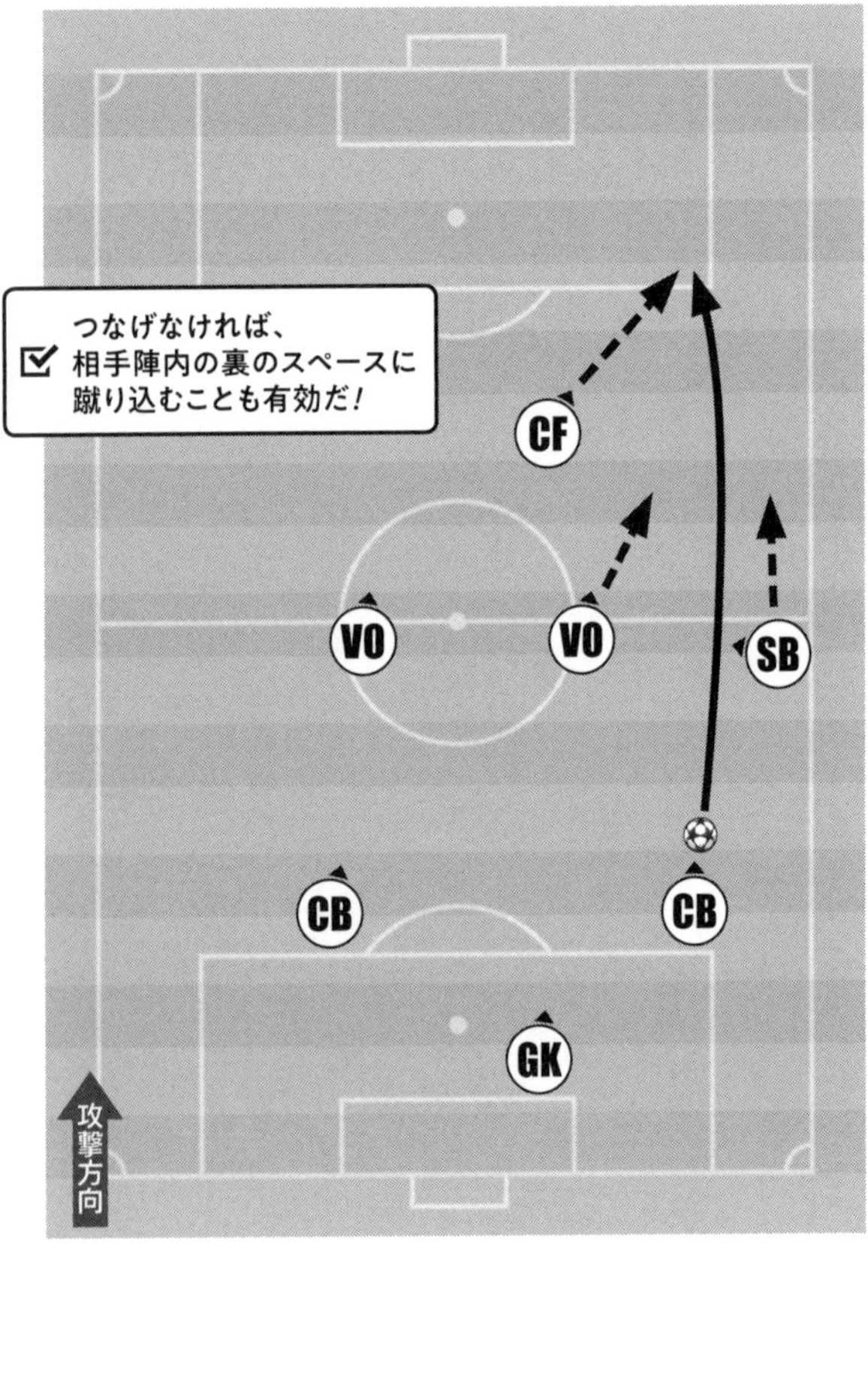

つなげなければ、
相手陣内の裏のスペースに
蹴り込むことも有効だ!
CF
VO
VO
SB
CB
CB
GK
攻撃方向

キック&ラッシュも勝つための手段として間違ってはいない

ここ10年、ベースの戦術としてポゼッションサッカーを採用するチームが増えてきました。ポゼッションは、ボールを保持することで優位性を保つのがメリットです。日本では育成年代からポゼッション戦術に慣れ親しんだ選手が多く、これが正しい戦術だと思ってプレーしている選手も少なくはありません。その弊害として、ポゼッション以外の戦術を受け入れづらい傾向があります。戦術はひとつではありません。状況や環境によっては、ポゼッションからキック&ラッシュ（相手陣内にボールを放り込んでいくカウンター戦術）に変える場面も出てきます。

日本で良く見受けますが、ピッチが土でボコボコ、または雨で泥濘んでいる状態なのに、無理にボールをつなごうとしてミスをして失点してしまう。ボールをつなぐのが難しい環境なのに、その戦術を貫き通す。それよりは、そのピッチで優位性が出せる戦術に切り替えてプレーすることのほうが正しい選択なのではないでしょうか。勝つための手段としてどんな戦術で戦うか。チームとして共通認識するのは、ゲーム展開によって自分たちの判断で戦術を変えることができる。そんなことができるチームや選手がベストです。

ANSWER

正答例　パターン①

「縦に速くスピーディーなプレミアスタイルの戦術」

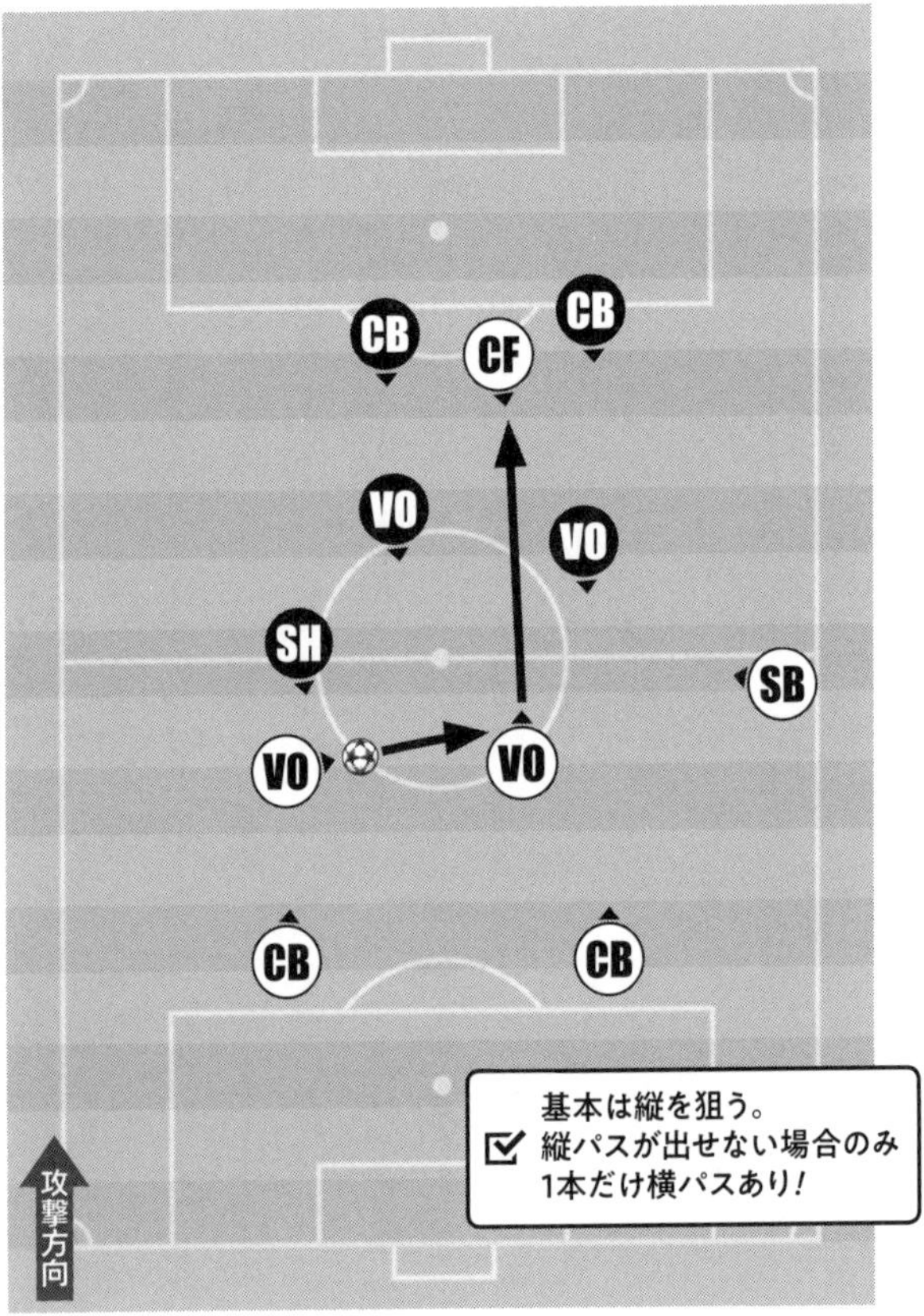

CB
CB
CF
VO
VO
SH
SB
VO
VO
CB
CB
基本は縦を狙う。
縦パスが出せない場合のみ
1本だけ横パスあり！
攻撃方向

ボールを持ったら、意識はすべて前。ボールを下げることはしない戦術

チームにいる選手のタイプによって戦術を選択するのも良いでしょう。ここでは、大きくイングランドのプレミアスタイルとスペインスタイルに分けて紹介します。

まずプレミアスタイルですが、特徴としては「縦に速いサッカー」です。相手からボールを奪ったら、意識はすべて前。もし、前に守備者がいて自分で縦パスが出せなかったら、横にいる味方にワンクッション（横パス）入れてから前に出します。横にパスを出した選手は、必ず前に動き出して、3人目の選手としてサポートに入ります。パスを再び受けたら意識は前にして、それを繰り返しながら攻撃をつなげていくイメージです。

ボールを奪ってもボールは下げません。ボールは原則、前に動かし横パスは1本まで。周りの選手は横パスを受けられるポジションに付くときに、縦パスを出せる立ち位置を取ることが重要になります。

じつは、私が指導をしているジュニアユースのチームの選手は、体が強くて速さのある選手が揃っており、彼らの特性を生かすには、プレミアスタイルのサッカーのほうが良いと判断をして採用しました。選手の個性や質、フィジカル状態によって戦術を決めるのもありです。

ANSWER

正答例　パターン②

「ボールを失わないことを意識したスペインスタイルの戦術」

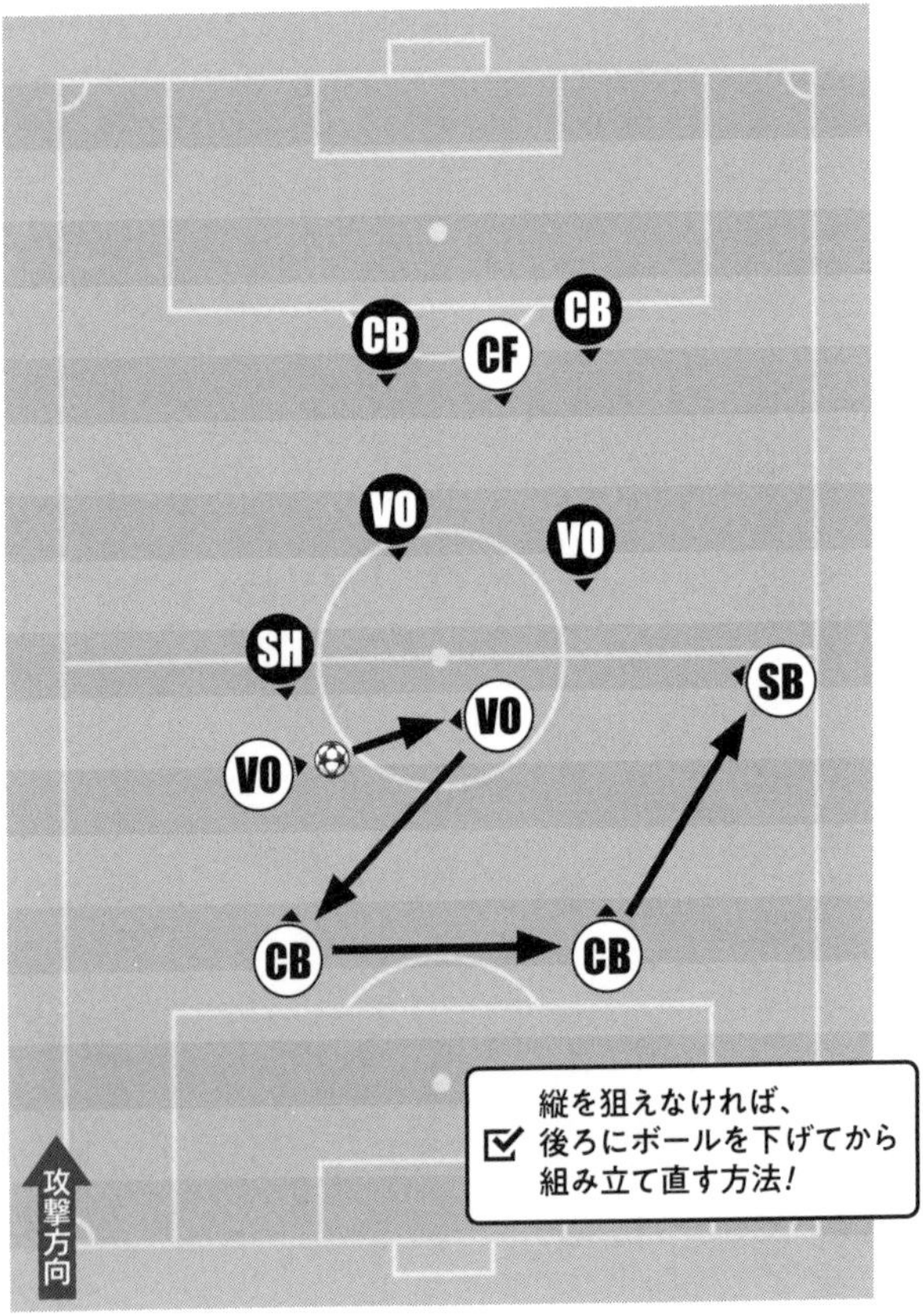
CB
CF
CB
VO
VO
SH
SB
VO
VO
CB
CB
縦を狙えなければ、
後ろにボールを下げてから
組み立て直す方法!
攻撃方向

前に行けないなら後ろに下げてポジションを取り直す

ここではスペインスタイルの戦術を紹介します。スペインスタイルを一言でいえば「ゆったりとしたフットボール」。テクニカルでボールをできるだけ長い時間保持をして、攻撃を継続させていきます。ボールを失わないために、基準となる立ち位置、サポート位置を細かく調整し、相手とのコンタクトをなるべく避けながら、ときにはバックパスを用いてやり直し、ポジションを取り直します。

22ページのプレミアスタイルと同じく前への意識は持ちますが、相手が立ち塞がりボールを出せないとなれば、躊躇なく後ろに下げて後方から再びビルドアップしていきます。

選手の特徴として、小粒でテクニックがある選手。フィジカルで勝てないなら相手と接触する前にボールをはたいて動かし、幅と深みを取りながら展開していきます。

育成年代では、体の成長速度が違うためフィジカルやサイズ感は、それぞれ異なります。ただ、ある程度大人になれば、体のサイズも揃ってくるため、プレミアスタイルやスペインスタイルのどちらも学んでいけるほうが良いでしょう。手段としての考え方の引き出しをたくさん持つほうが、万能な選手になっていけるはずです。

QUESTION

問題
3

「ビルドアップという
攻撃のスタートプレーがありますが
どこまでボールを運んだら
ビルドアップが終わるのでしょうか?」

エリア	自陣
攻守	攻撃のスタート
立ち位置	前向きの状況

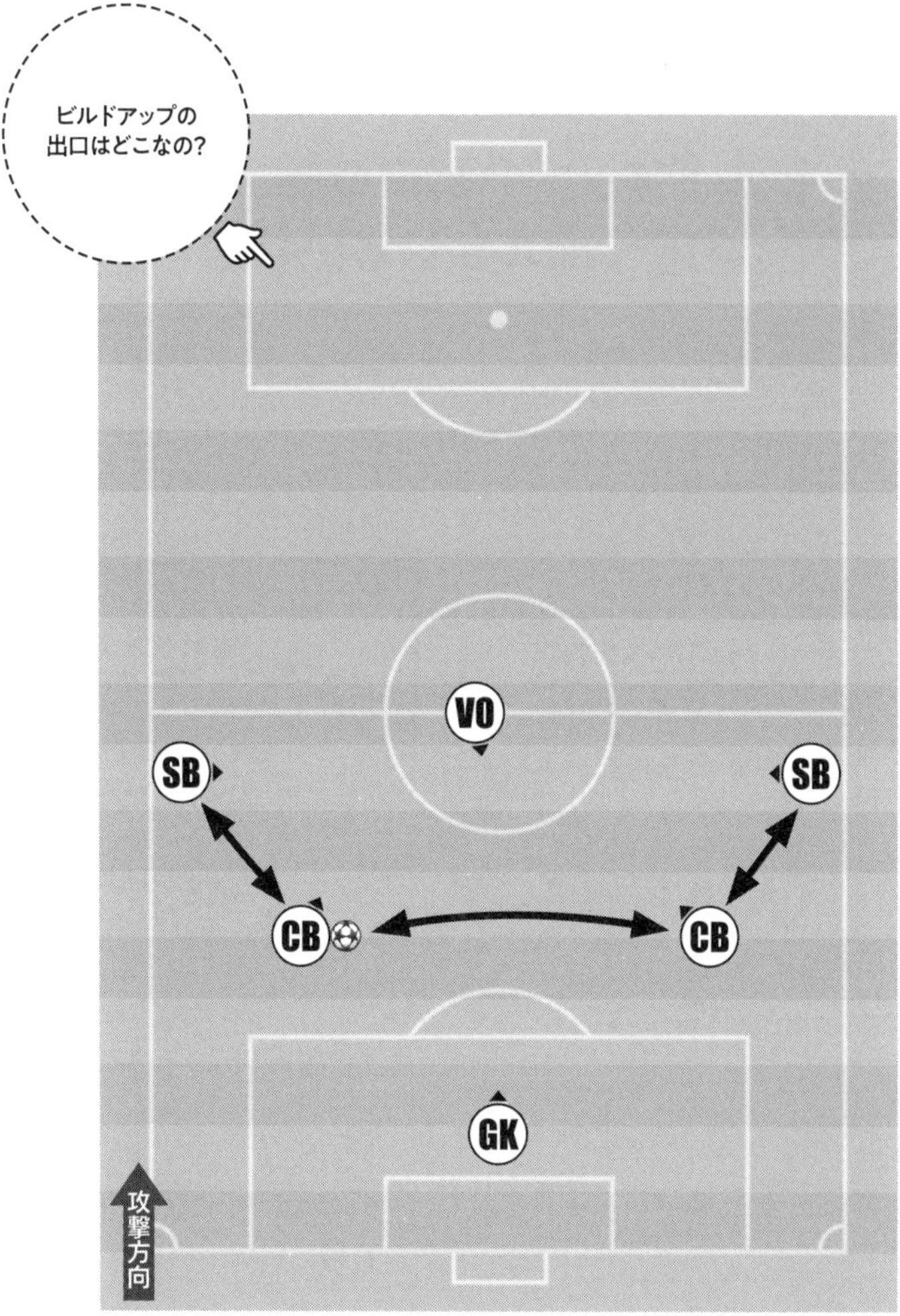

自陣からボールをつないで攻撃をスタートさせていくプレーをビルドアップという。このビルドアップは、どこまでボールを運んだら終了になるのだろうか

A N S W E R

正答例

「ビルドアップの出口の答えをチーム内で揃えないといけない」

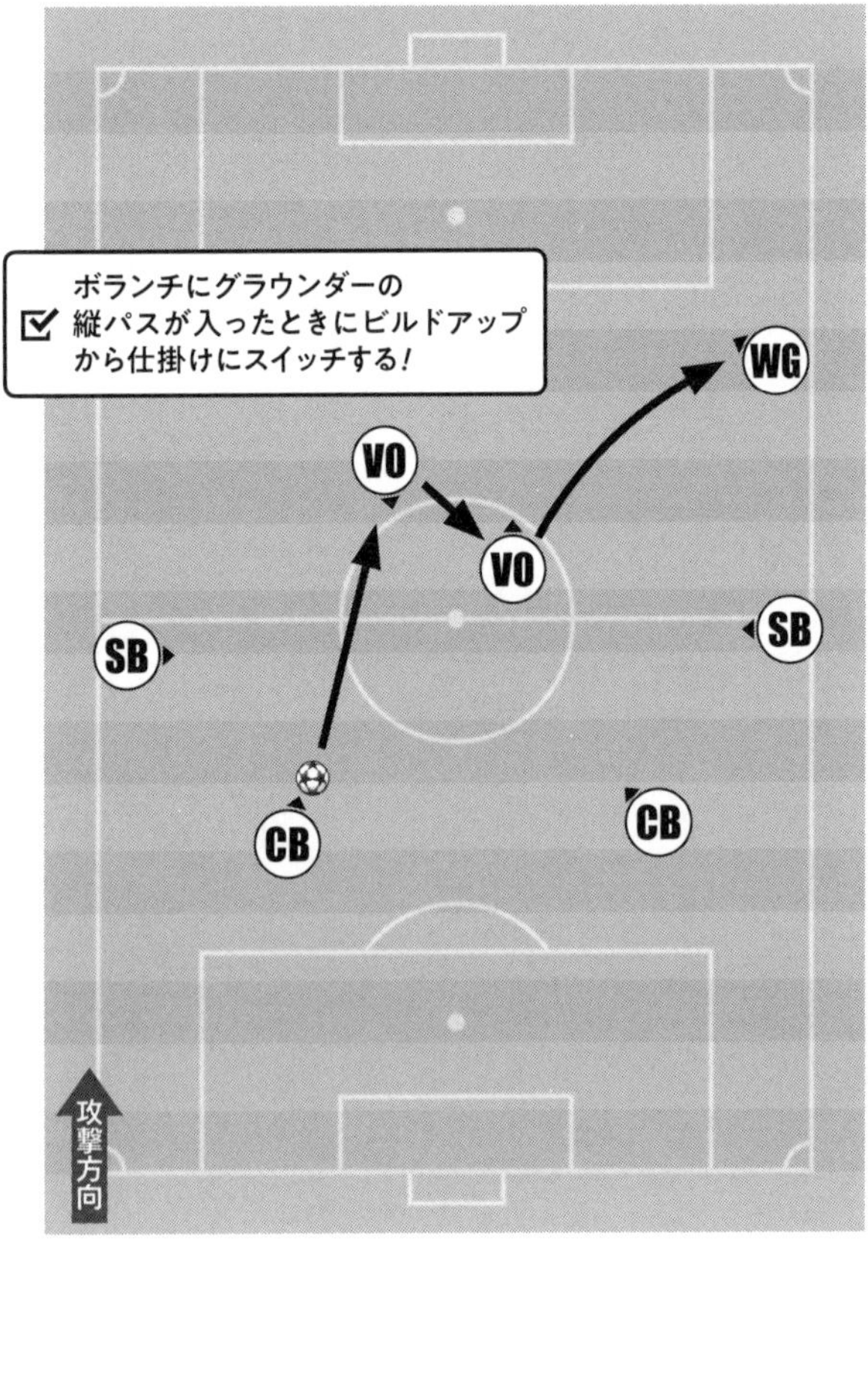
ボランチにグラウンダーの
縦パスが入ったときにビルドアップ
から仕掛けにスイッチする!
WG
VO
VO
SB
SB
CB
CB
攻撃方向

攻撃を安定させるため自陣を出るためのボールをグラウンダーにする

実際にビルドアップの出口はどこなのかを何人かの選手に質問しても、答えが揃わないのが現実です。同じチームで何年もプレーしても、噛み合わないことがほとんど。育成年代では、ビルドアップの有効性が高く、どのチームも後ろからつなぐことを戦術として採用しますが、多く見受けられるのがビルドアップが目的となってしまっていることです。ビルドアップがスムーズでも試合には勝てません。前述した通り、目的はゴールで、戦術は手段のひとつ。ビルドアップをするときには、しっかり出口を共有しなければなりません。サッカーは、ゴールから逆算してプレーを考えます。シュートを打つために崩しに入り、そのために展開し、そのためにボールをつないでいく。ビルドアップはその入口です。スペインでは、共通認識として、ボールを運んで自陣を出て、キープレーヤーが良いタイミングで受けて攻撃のスイッチが入るまでをビルドアップの出口にしています。このときのパスは攻撃を安定させるため、浮き球ではなくグラウンダーのボールです。そうすることで失った瞬間のボールの回収率も上がるからです。これが、ポジショナルプレーの原点であり、ボールをつないでいく目的になります。大事なのはチームでの共通認識です。攻撃の方法に関しては2章から解説していきます。

この章のまとめ＋α

この章の問題でポイントとなる要素をまとめています。

サッカーの原理原則

❶ゴールを決めて試合に勝つのが目的

➡戦術はプレーをするための手段。ゴールを決めて勝利をつかむために戦術を使う。戦術が目的とならないように注意する

❷「基本技術」と「戦う姿勢」を徹底

➡止める、蹴る、運ぶという基本技術が求めるレベルまで到達しているかを確認する

➡走る、球際で負けない、気持ちで負けないなど、戦うことをやめたら、素晴らしい戦術があっても勝つことはできない

❸ゴールへの道は逆算して考える

➡ゴールから逆算してプレーを考える。シュートを打つためにどう崩すか、そのためにどう展開するのか、展開するために後ろからどうボールをつなぐのか。一番理想的なのはゴールに直結するプレーである

❹ベースの戦術から試合状況で変化させる

➡ポゼッションやカウンター、守備のプレッシングやリトリートなど。ベースの戦術を使いながら試合状況やピッチコンディションによっては変更できるようにしておきたい

❺チームでの共通認識が大事

➡自分たちがどうやって攻撃を組み立て崩し、どう守備をして守るのか。これらをしっかり共通認識として持たないとチームはバラバラになる

第2章

攻撃の組み立て方の問題集

QUESTION

問題 4

相手のクリアに近い状態で自陣にボールを放り込まれました。ボールを処理するセンターバックはどう動けば良いでしょうか？

エリア	▶自陣
攻守	▶守備から攻撃への切り替え
立ち位置	▶ボールを追っている状態

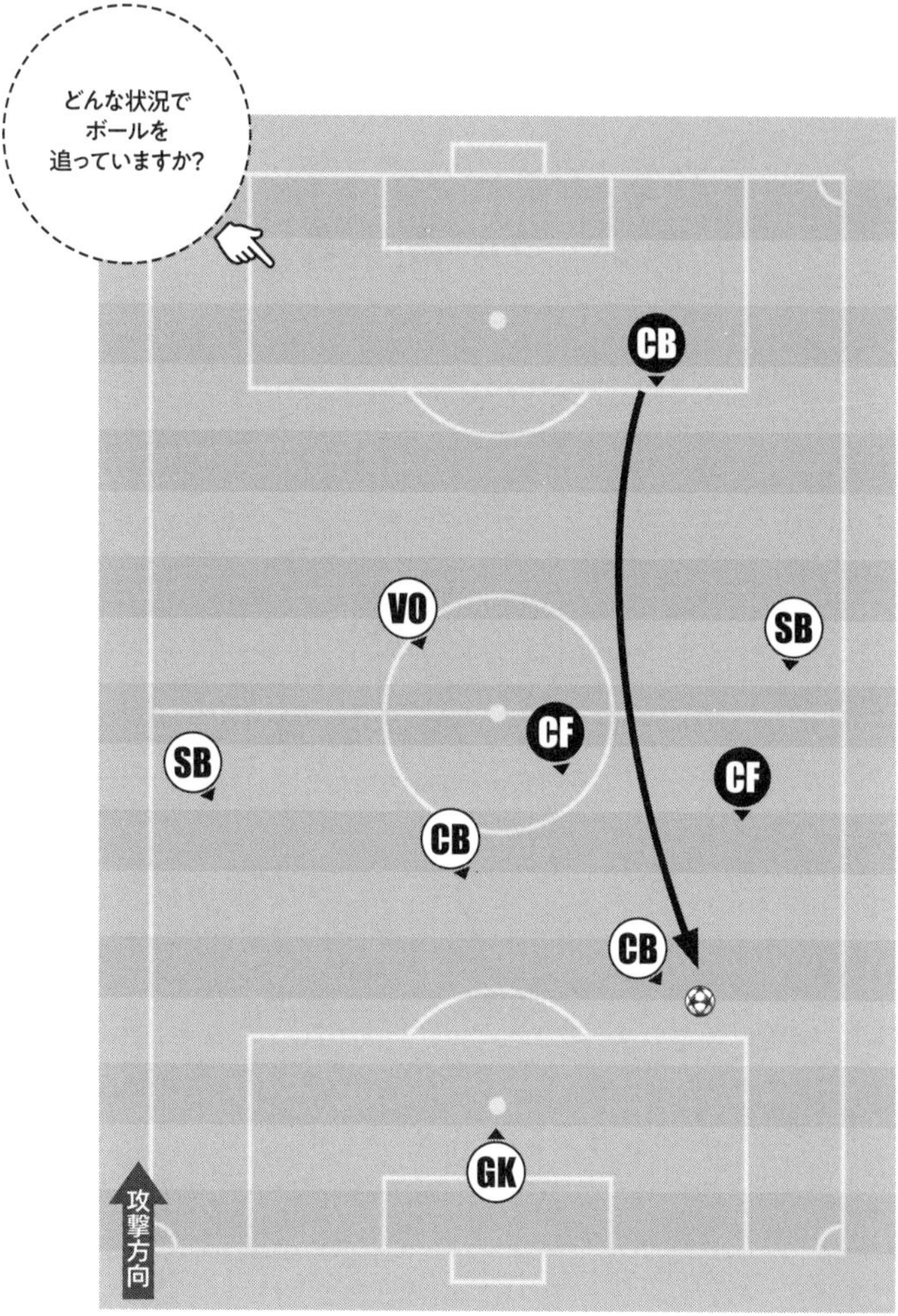

相手陣内でプレッシャーをかけていたため、相手はボールをクリアするように前線に蹴り出した。蹴り出されたボールに追いつくのは右のセンターバック。このとき次にどんなプレーを選択するのがベストなのか

A N S W E R

正答例

「まずはセーフティなプレーを判断する」

相手フォワードが
追いかけてこなければ
前を向ける!
CF
CF
SB
VO
SB
CB
CB
フリーな状態
GK
攻撃方向

相手フォワードの追いかけ方を見る

ボールを追いかけているセンターバックの状況と、相手フォワードの状況で対応の仕方は変わります。

ボールを放り込まれるということは、相手ゴールを背にして追いかけることが多い状況ですが、相手フォワードがそれほど強く追いかけに来なければ、前を向く余裕があるはずなので、ボールに追いついたら前向きの体勢を作ってボールを確保しましょう。

大事なのはセーフティなプレーを心がけることです。自陣のペナルティエリア付近でのプレーになるため、リスクをおかすことは避けなくてはいけません。無理にボールをつなぐよりは、安全にチームに失点のリスクが生まれないプレーを選択しましょう。

また、どんなプレーをするかの判断は、ボールを追いかけているときに行ってください。ボールを触ってから「さあ、どうしよう!?」では遅すぎます。チームの戦術コンセプトもありますが、無理をする必要のないエリアだということは、チームメイトとも事前に共有しておきたいものです。周りの声、味方のコーチングは、視野を確保しづらいこの状況では必須と考えましょう。

QUESTION

問題 5

自陣にボールを放り込まれた場面で
相手から強い
プレッシャーを受けている。
次のプレーの正しい
選択肢はなんでしょうか？

エリア	自陣
攻守	守備から攻撃への切り替え
立ち位置	ボールを追っている状態

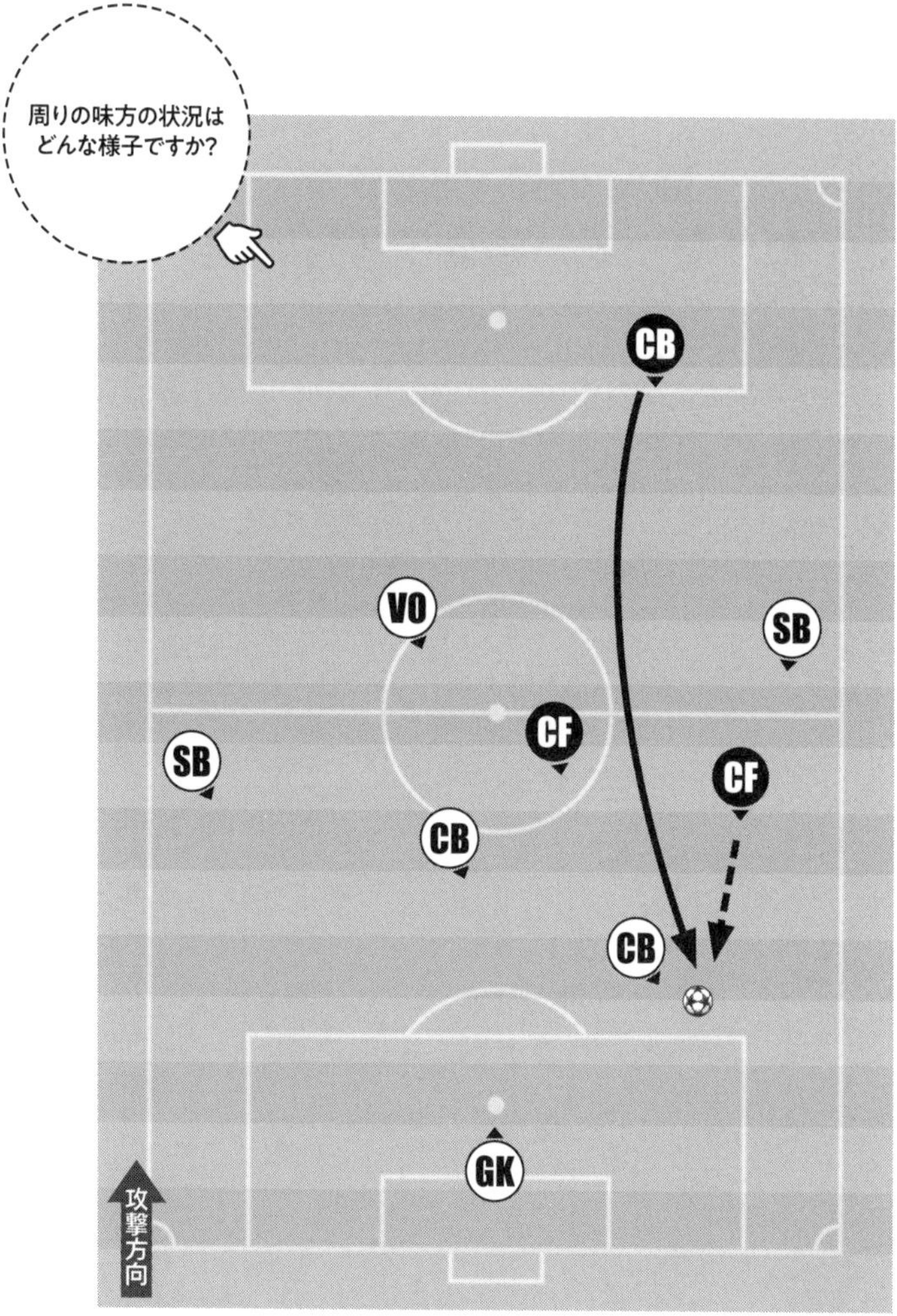

相手がボールをクリアするように前線に蹴り出した。蹴り出されたボールに最初に追いつくのは右のセンターバック。ただ、相手フォワードもそのボールを追ってプレッシャーをかけてきた状況

ANSWER

正答例　パターン①

「自分の体の向きがどうなっているかで判断する」

前向きの体を作れるなら次のパスコースを探す

問題4と同じく、ボールを自陣に放り込まれて追いかけている状況ですが、シチュエーションの違いは相手フォワードのプレッシャーのかけ方です。まったく追いかけないのではなく、ある程度近くに寄ってきて牽制している状況と言っていいでしょう。

このときの判断としては、自分の状況がどうなのか。周りの味方の状況はどうなのか。この2点を把握します。問題4でも解説しましたが、自陣のペナルティエリア付近でのプレーの優先順位はセーフティです。この点を頭に入れつつ前述の2点を確認し判断、選択します。

まず、ボールに対してまっすぐ追いかけたのではなく、少し斜めに追いかける状態になっていたとしたら、前への視野も多少確保でき、体の向きも前向きを作りやすくなります。ボールを止めて多少の余裕があると判断したならば、そのまま前向きでボールを持ち、攻撃の組み立てに移ることができます。逆サイドのセンターバックがしっかり戻ってポジションを取っているなら、そこにパスを出すのも良し、もし前線の選手への縦パスが出せるなら、1本のパスを差し込んだら、一気に相手陣内に攻め込むことができます。相手フォワードのプレスがきつく前向きを作れない場合の対処法は、次ページで解説いたします。

A N S W E R

正答例　パターン②

「前向きを作れないなら ゴールキーパーを使い回避する」

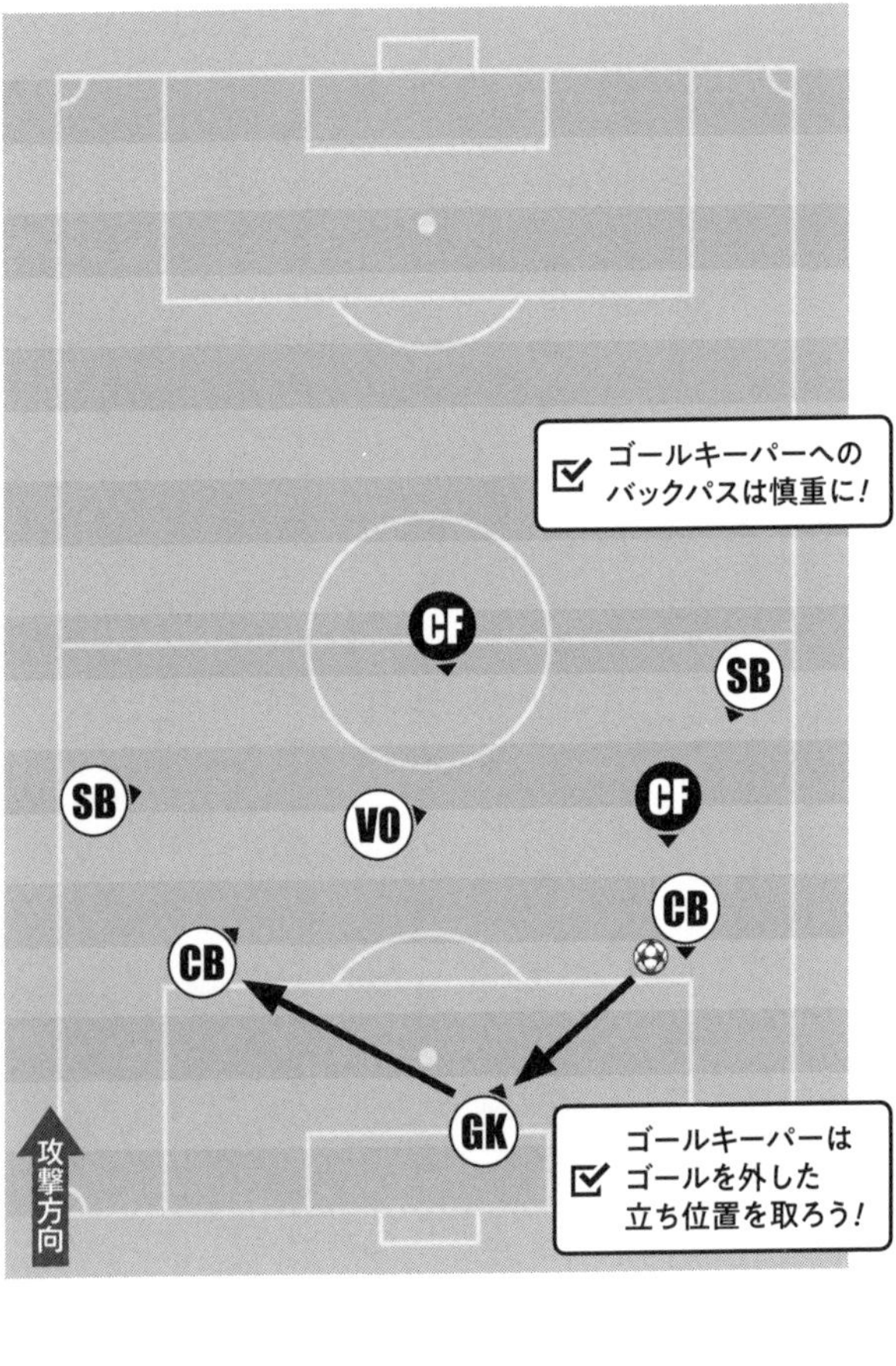

ターンをするなど無理をするとピンチを招くので注意

相手フォワードが全速力に近い状態で、背後からプレッシャーをかけて寄せられてきている状況では、右のセンターバックは前向きの体勢を作ることは難しくなります。

この状況でボールを止め無理やり前を向こうとターンをしたりすると、ボールを奪われる可能性が生まれてしまうので避けなければなりません。このひとつのプレーで失点、敗戦という結果はとても悔やまれます。後ろ向きの状態なら、味方のゴールキーパーへのバックパスを選択肢として取り入れましょう。相手からのプレッシャーをゴールキーパーを使って回避することは戦術としても有効な手段となります。

ゴールキーパーへのパスは、浮き球にならないよう、しっかりグラウンダーのボールで足下に送るようにします。このときのゴールキーパーの立ち位置も重要です。ボールとゴールの線上に立ってしまうと、パスミスやコントロールミスでゴールに入ってしまう危険があります。ゴールキーパーはゴールを外したポジショニングを取るようにしましょう。このとき、ニアポスト側に立つか、ファーポスト側の深い位置に立つかで、相手を引き離したり、次のプレーに影響が出ます。これらはチームの決め事として事前に話をしておくのも良いでしょう。

QUESTION

問題
6

センターバックからボールを受けた
ゴールキーパーは
そのボールをつないだほうが
良いでしょうか？

エリア	▶ 自陣（ペナルティエリア内）
攻守	▶ 守備から攻撃への切り替え
立ち位置	▶ ボールを受けた状態

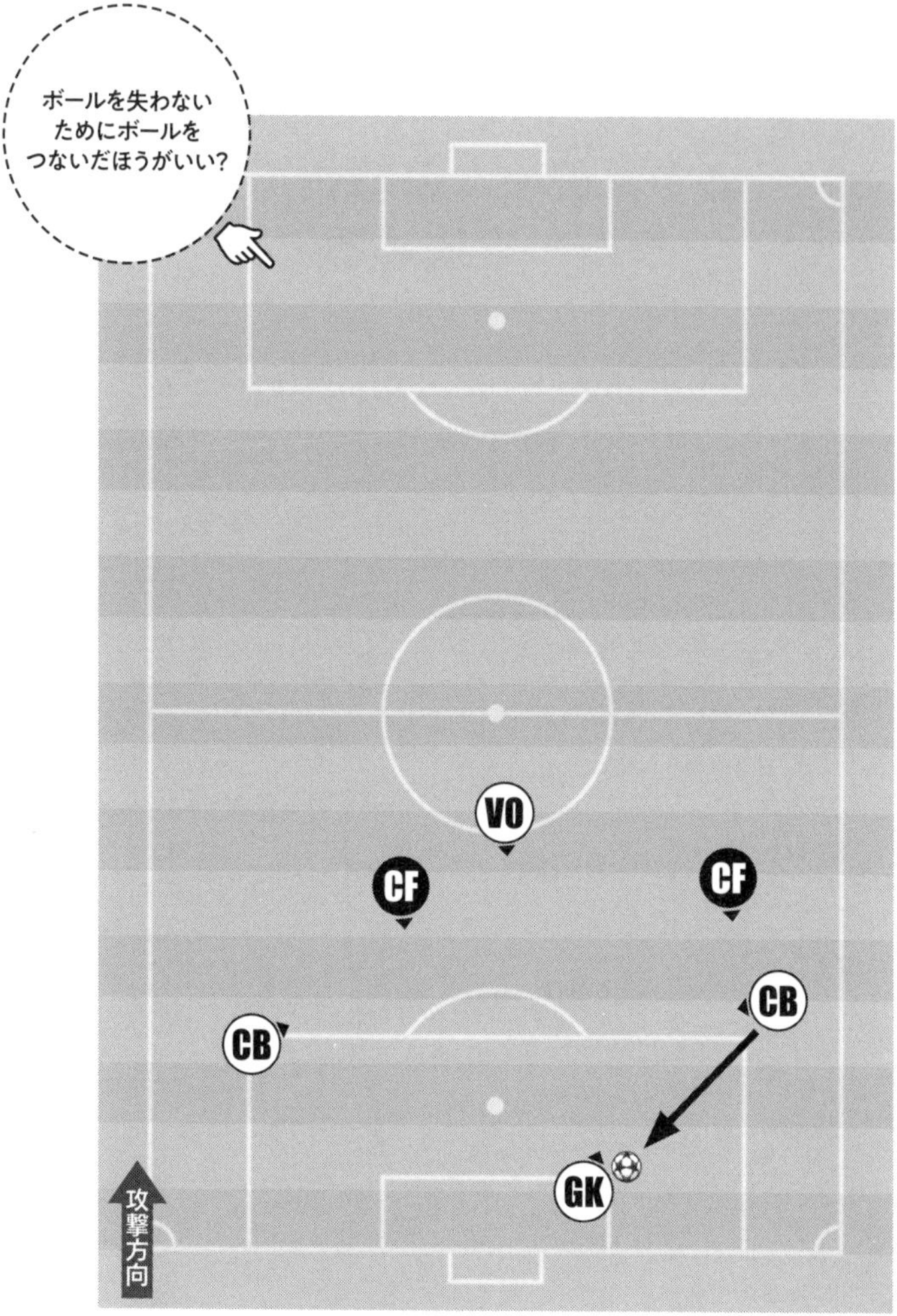
ボールを失わない
ためにボールを
つないだほうがいい?
VO
CF
CF
CB
CB
GK
攻撃方向

センターバックからのバックパスを受けたゴールキーパー。マイボールになったので大事につないだほうが良いのだろうか

A N S W E R

正答例　パターン①

まずはチームの戦術でプレーを決める

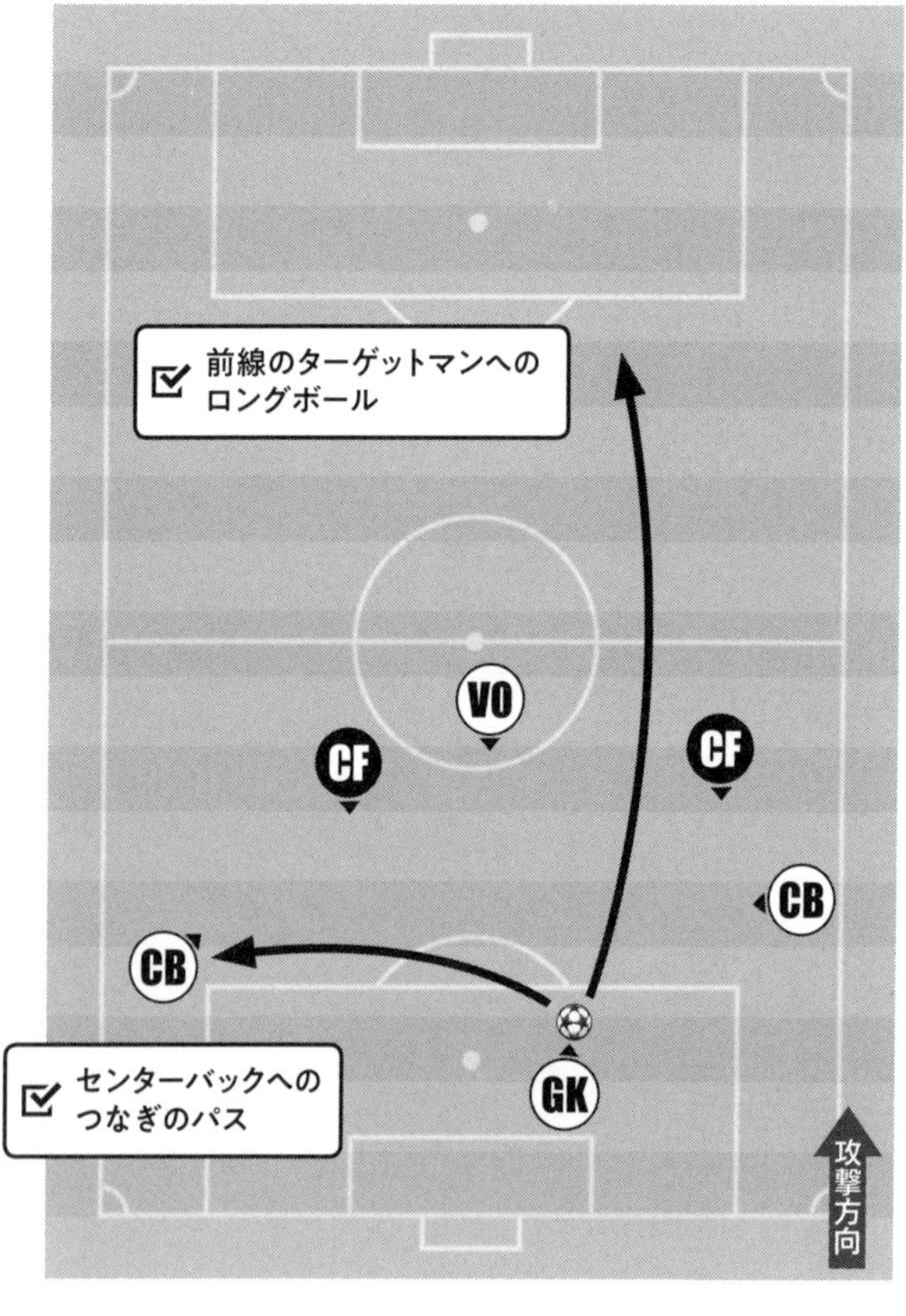

リスクを考えながら次のプレーを選択する

ゴールキーパーがバックパスを受けたあとのプレーとしては、いくつかの選択肢があります。この選択肢というのは、ボールを後方からつないでいくポゼッションベースなのか、それとも前線のターゲットマンに向けてロングボールを蹴るのか、監督が試合前に決めたチーム戦術でもあります。

仮にチームが後ろからつなぐことをベースにしているなら、ポジションを取り直したセンターバックやボランチにパスを出してビルドアップをしていきます。そうではなく、まずは前線へロングボールを送り、セカンドボールを拾って相手陣内でプレーすることを狙えば、早々に崩しの可能性が生まれます。どちらのプレーを選ぶかは、チームの決め事だけでなく、そのときのリスクを考えたうえで選択することが重要です。何よりも失点リスクをなくすことが先決ですので、リスクマネジメントのことは捨ててはいけません。

良くあるケースで、ゴールキーパーの足下に難があるのに、チームは自陣からつなぐことを選んでいる。ゴールキーパーが余裕を持ってプレーしていればいいですが、過度な緊張が見受けられ、もし視野がせまくなっているなら、無理につながせずに蹴らせたほうが賢明です。

A N S W E R

正答例　パターン②

「ボールを一度外に出して守備をリセットするのも手」

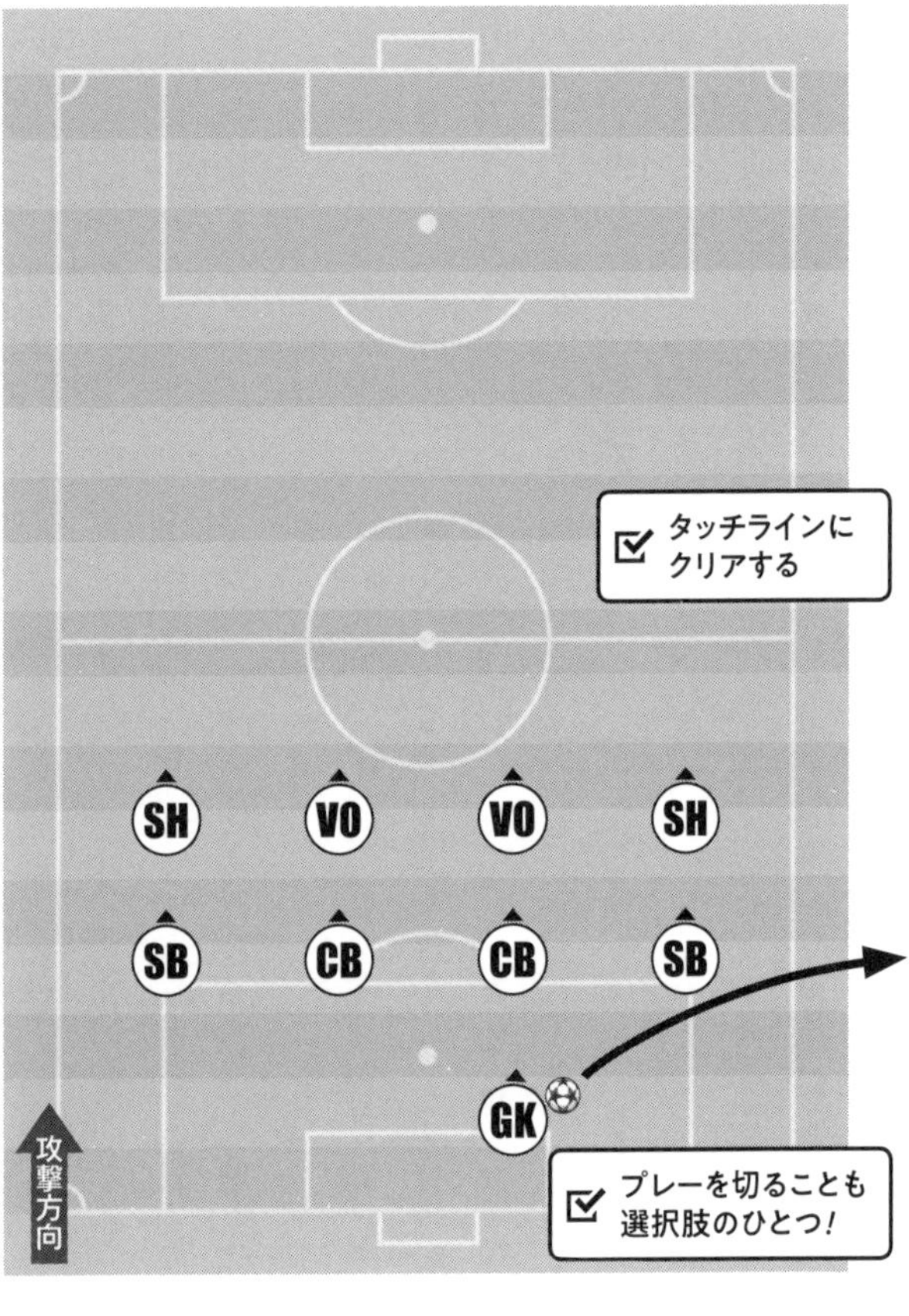

タッチラインにクリアする
SH
VO
VO
SH
SB
CB
CB
SB
GK
攻撃方向
プレーを切ることも選択肢のひとつ！

アトレティコ・マドリーのシメオネの戦術

ゴールキーパーにボールが渡ったときに、相手フォワードからプレッシャーがかかっている状態なら、無理をせずに外に蹴り出すのも選択肢としてはありだと思います。「せっかくマイボールになったのに、なんで蹴っちゃうの!?」と思うかもしれませんが、プレーを一度切ることも、判断としては正しいと思います。ボールを一度外に出してプレーを切ることで、揃っていなかったディフェンスラインをセットし直すことができます。チームが、自陣でのブロック戦術に強固さを持ち合わせているのなら、そこからの守備をしてからカウンターを仕掛けたほうが、攻撃がスムーズにいくケースが多いことも実際にあります。

守備に定評があるアトレティコ・マドリーのシメオネ監督は、この手法を使います。ブロックを形成し相手の攻撃を牽制しながら、奪いどころに狙いを定め、奪ったら前への推進力を使ってカウンター攻撃を仕掛けます。前向きの守備でボールをインターセプトしたほうが、良い攻撃につなぐことができるため、とても理に適っている戦術だと言えます。

必ずしもボールをつなぐことがベストではなく、チームの特性によってはこのような戦い方を選ぶことも「あり」なんだと思えば、戦術の幅はとても広がります。

QUESTION

問題
7

「ゴールキーパーがボールを
持っていますが
ボールをつないで組み立てるために
センターバックは
どう動けば良いでしょうか？」

エリア	▶自陣（ペナルティエリア内）
攻守	▶攻撃のスタート（組み立て）
立ち位置	▶ボールを受けた状態

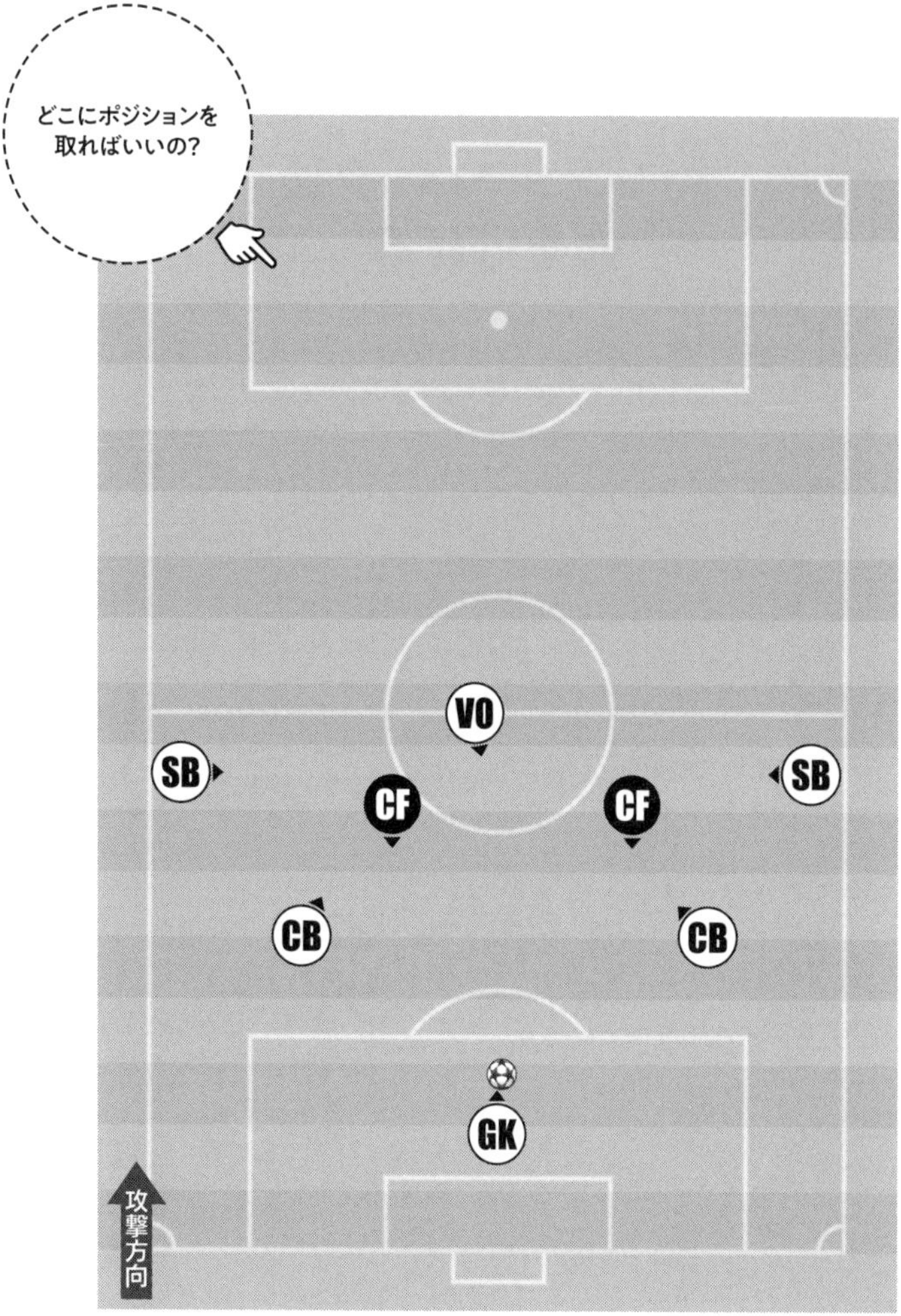

ゴールキーパーがボールを持ち、相手からのプレッシャーもそれほど強くない状況。ボールを蹴り出さずにつなぐことを選択したが、センターバックはどこにポジションを取ればいいのだろうか

A N S W E R

正答例

両センターバックは幅を広げる

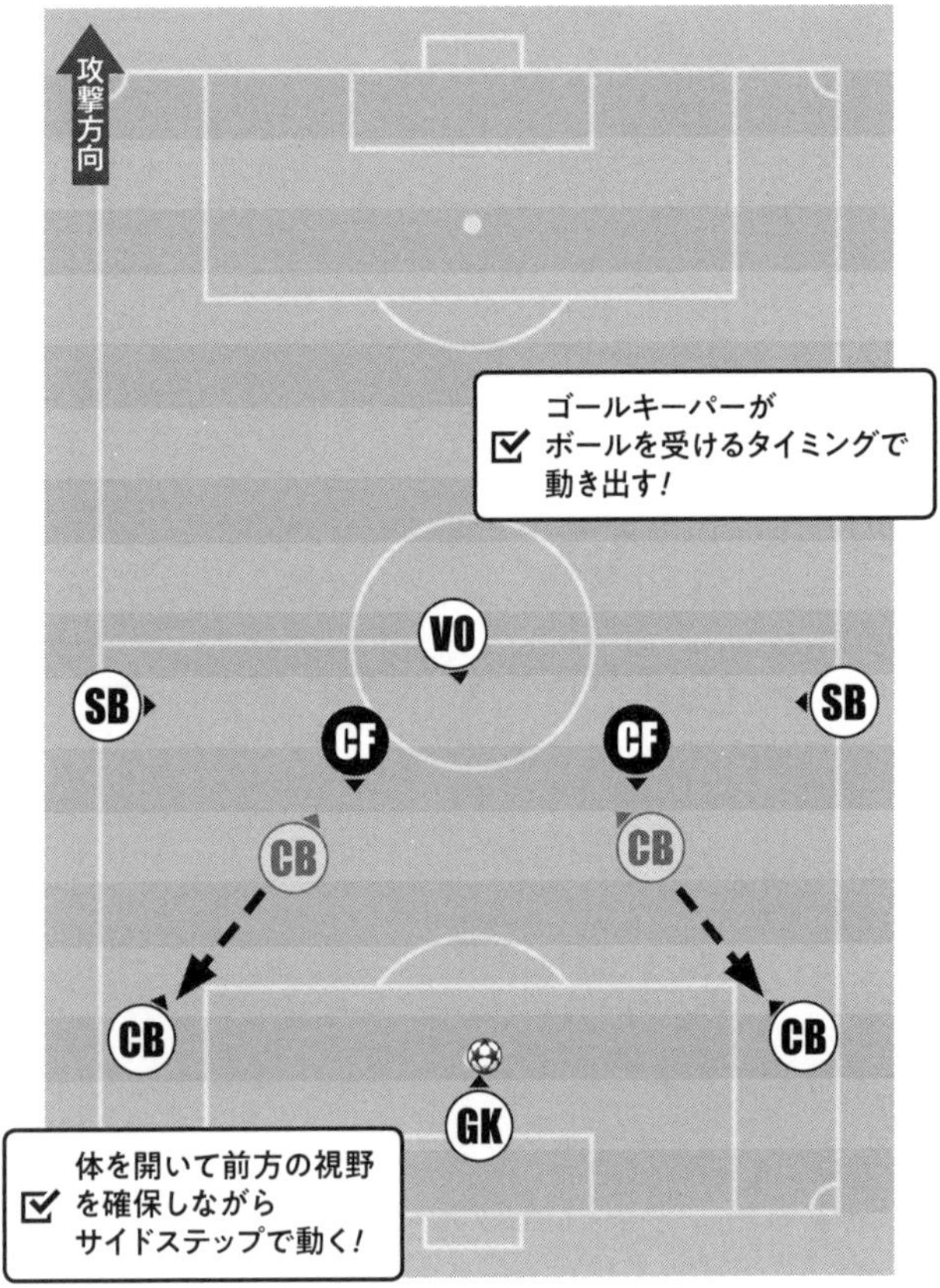

攻撃方向
ゴールキーパーがボールを受けるタイミングで動き出す!
VO
SB
SB
CF
CF
CB
CB
CB
CB
GK
体を開いて前方の視野を確保しながらサイドステップで動く!

体を前向きにしたままサイドステップで動く

後ろからつなぐには、ゴールキーパーもセンターバックも余裕を持つ必要があります。ここでのミスは大きなリスクです。そのため、相手フォワードから距離を取るのがセオリーとなります。ゴールキーパーにパスを出した側のセンターバックも、逆サイドのセンターバックどちらもペナルティエリアの角あたりをポイントに動いていきます。

動くときは、体を開いて前方の視野を確保しながらサイドステップやバックステップで下がります。仮に体の向きを意識せずに向かうと、周りの状況が見えなくなるため視野がなくなります。相手フォワードからすれば、センターバックの目線が取れていないのでアプローチをかけやすくなります。

センターバックが下がる位置は、状況によって微調整します。できるだけ前方のスペースに味方がポジションを取っていない位置が好ましいです。ボールを受けたあとに、ボールを持ち出せるスペースを確保しておくためです。

相手フォワードがアプローチに来なければ、ボールを受けてからドリブルで前に運んだり、パスをつなぎながら攻撃の組み立てをしていきます。

QUESTION

問題
8

「センターバックは幅を取ったが
相手フォワードが距離を詰めてきた
ゴールキーパーはどこに
パスを出せば良いでしょうか?」

エリア	▶自陣(ペナルティエリア内)
攻守	▶攻撃のスタート(組み立て)
立ち位置	▶ボールを受けた状態

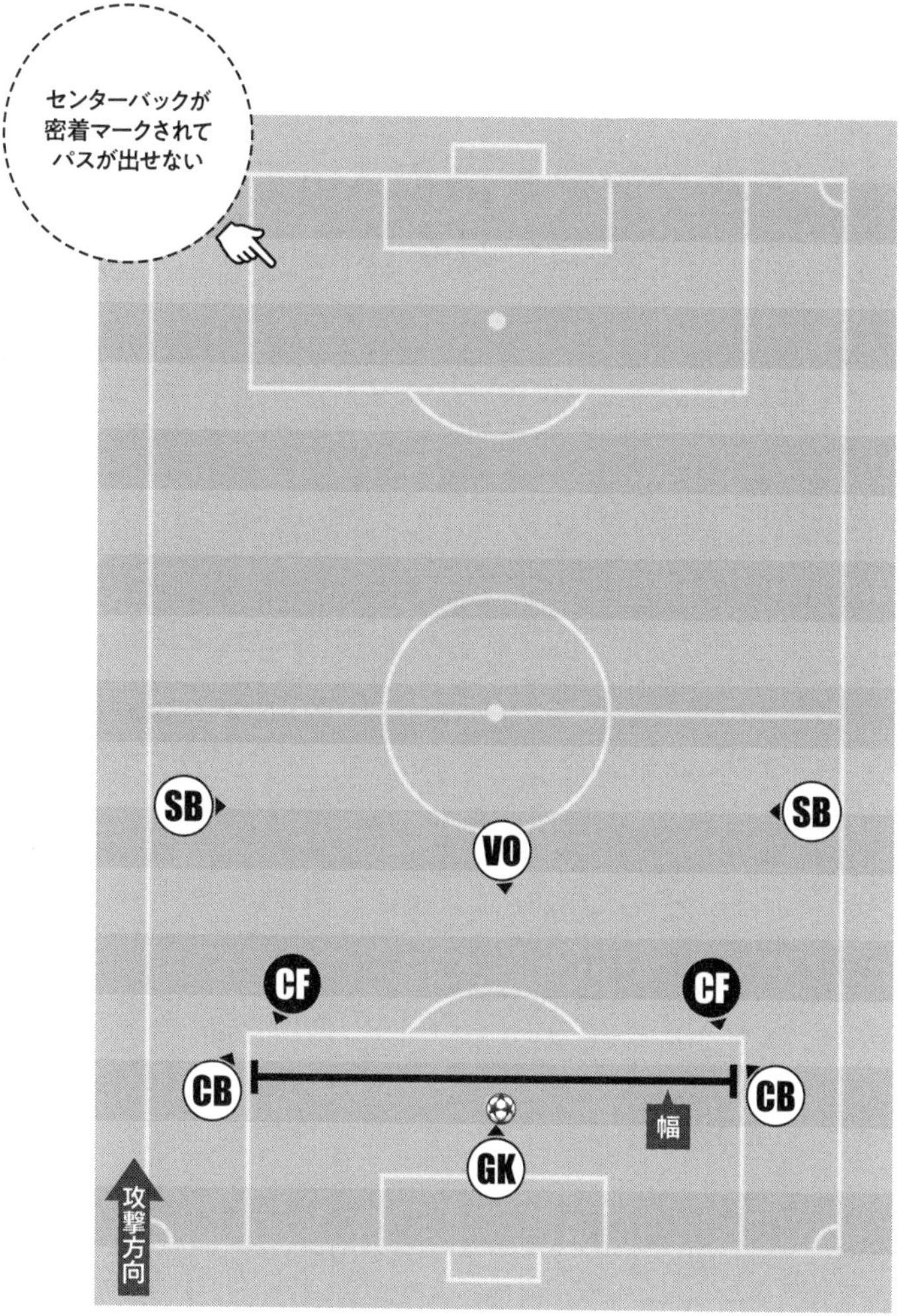

ゴールキーパーがボールを受けて両センターバックが幅を取るために動いている。このセンターバックに対して相手フォワードがマークをしにアプローチしている。ゴールキーパーはパスの出しどころがなくなってしまった

A N S W E R

正答例　パターン①

「ボランチが間に入ってパスコースを作る」

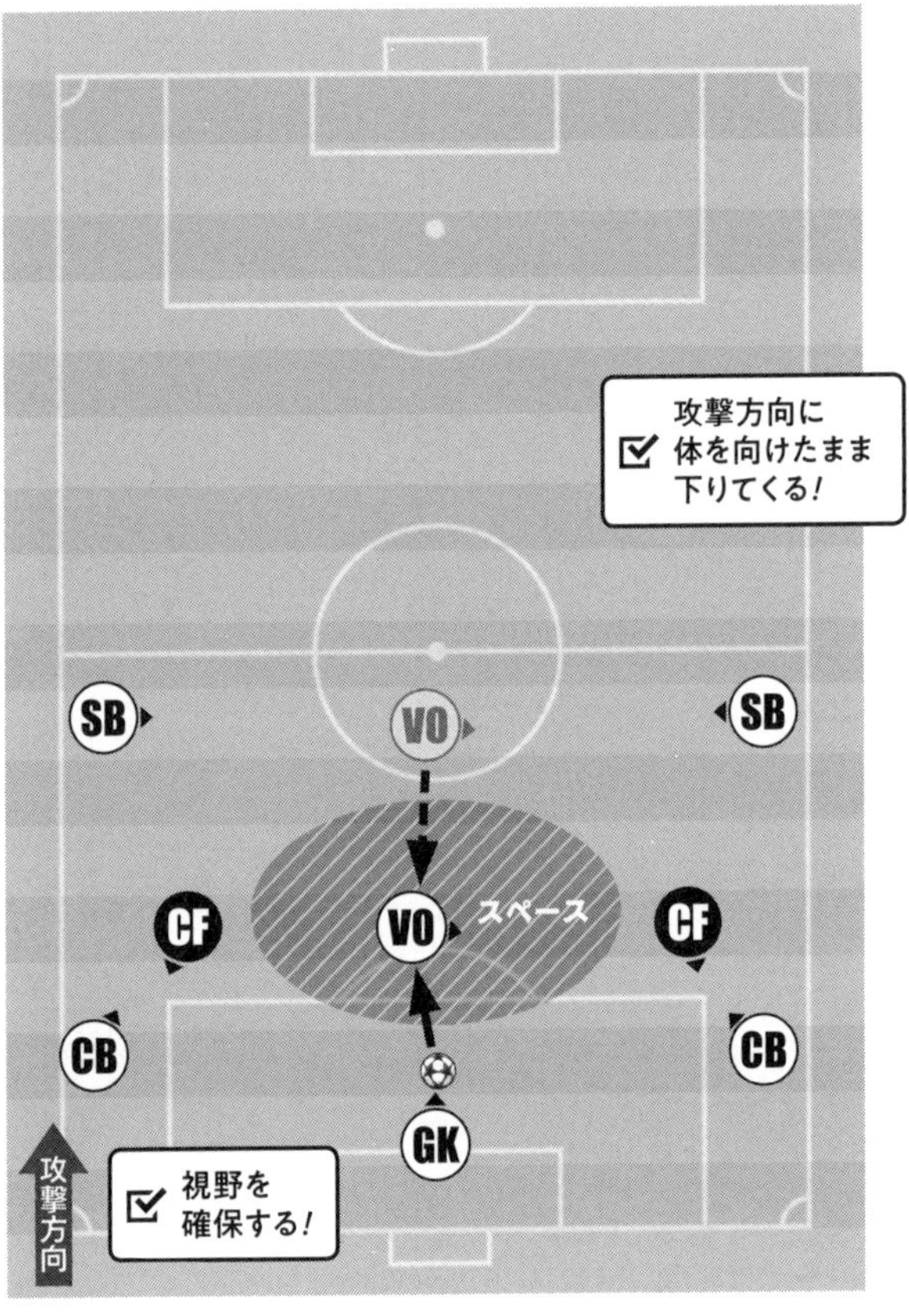

タイミングを見ながら中間ポジションに下りる

幅を取ったセンターバックに対して、相手フォワードがアプローチをかけた場合、右の図の通り中央にスペースが生まれます。サイドにボールを送ることができなければ、ここのスペースを活用します。ボランチの1人が中間ポジションに下りてきて、フリーであればボールを受けて組み立てていきます。このときのボランチも体を半身にしたまま下りてくることが重要です。必ず進行方向に視野を確保し、相手を牽制しながら動きましょう。ボールを受けたボランチは、次のプレーとして「前に持ち出す」「リターンをする」「縦パスを入れる」などを判断しておきますが、相手フォワードの動き次第ということは忘れないでください。必ず、周囲の状況を認知しておき、危険を事前に防ぎながらプレーをすること。そのためにも、正しいポジショニングを取ることが重要になります。また、ボランチにボールが入ったとき、両センターバックはポジションを取り直す必要があります。サポート位置を基本にしつつ、マークに付いている相手フォワードを引きつけるためにラインを上げるなども有効な動きとなります。ラインを上げることでゴールキーパーをフリーにしますが、相手フォワードが食いつくなら、逆にラインを下げることで前方方向へのパスコースや侵入コースが生まれます。

ANSWER

正答例　パターン②

ターゲットマンを狙って
ロングフィードを蹴る

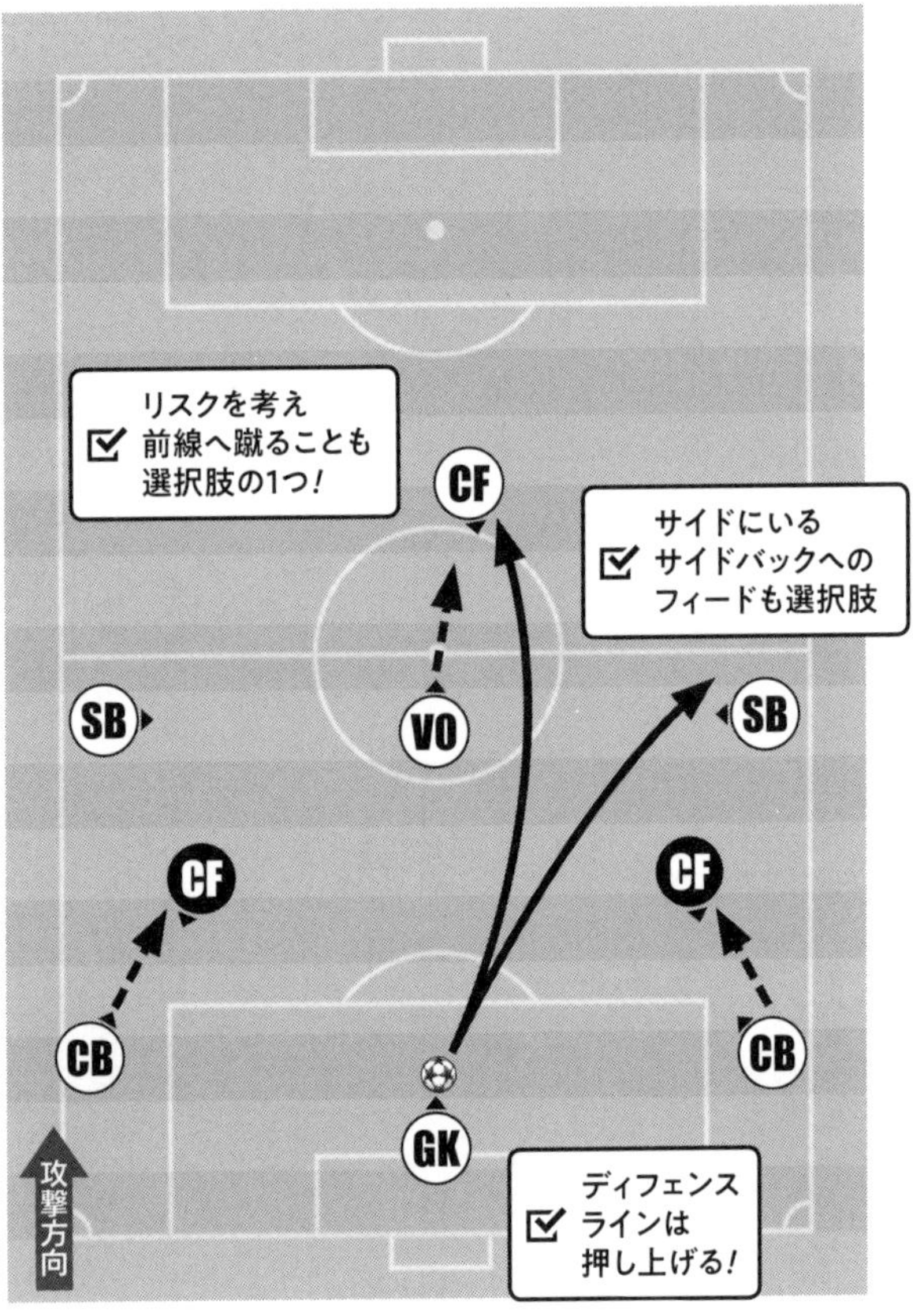

リスクを考え
前線へ蹴ることも
選択肢の1つ！
CF
サイドにいる
サイドバックへの
フィードも選択肢
SB
VO
SB
CF
CF
CB
CB
GK
攻撃方向
ディフェンス
ラインは
押し上げる！

出しどころがなければ前線を狙って押し上げる

繰り返しますが、自陣のゴール前ではちょっとしたミスが命取り。判断が遅れ、苦しまぎれのクリアが相手に渡ってピンチを招くことも考えられます。状況の変化による判断と決断は素早く行いましょう。相手フォワードのアプローチに気持ちが入っているのを感じ、プレッシャーを強く感じるのであれば、つなぐ選択肢は捨てて前線へのロングボールを判断します。出しどころがないのに、無理につないでも成功する確率は下がります。ロングボールの狙いは、自チームのターゲットマン。主にセンターフォワードでポストプレーのできる選手に送るのがベストです。相手ディフェンダーと競らすのか、背後に飛ばしてランニング勝負させるかは力量を見つつ判断します。仮に相手ディフェンダーが強くフォワードが競り負ける確率が高ければ、サイドにいるサイドバックへのフィードも選択肢として入れておきましょう。ターゲットマンに向かってゴールキーパーが蹴ったら、センターバックはラインを上げていきます。周りの選手も、その後のセカンドボールを拾うためのポジショニングを取りましょう。ただし、ゴールキーパーがキックミスをしてしまったら、無理にラインアップせずに、そのボールの行方を追いながら、相手にボールが渡ったときに備えて守備組織をセットし直します。

QUESTION

問題 9

ゴールキーパーからのパスを
センターバックが前向きで受けました。
この後のプレーの
セオリーをお答えください

エリア	▶自陣（ペナルティエリア内）
攻守	▶攻撃のスタート（組み立て）
立ち位置	▶ボールを受けた状態

**どうボールを
つないで組み立てる?**

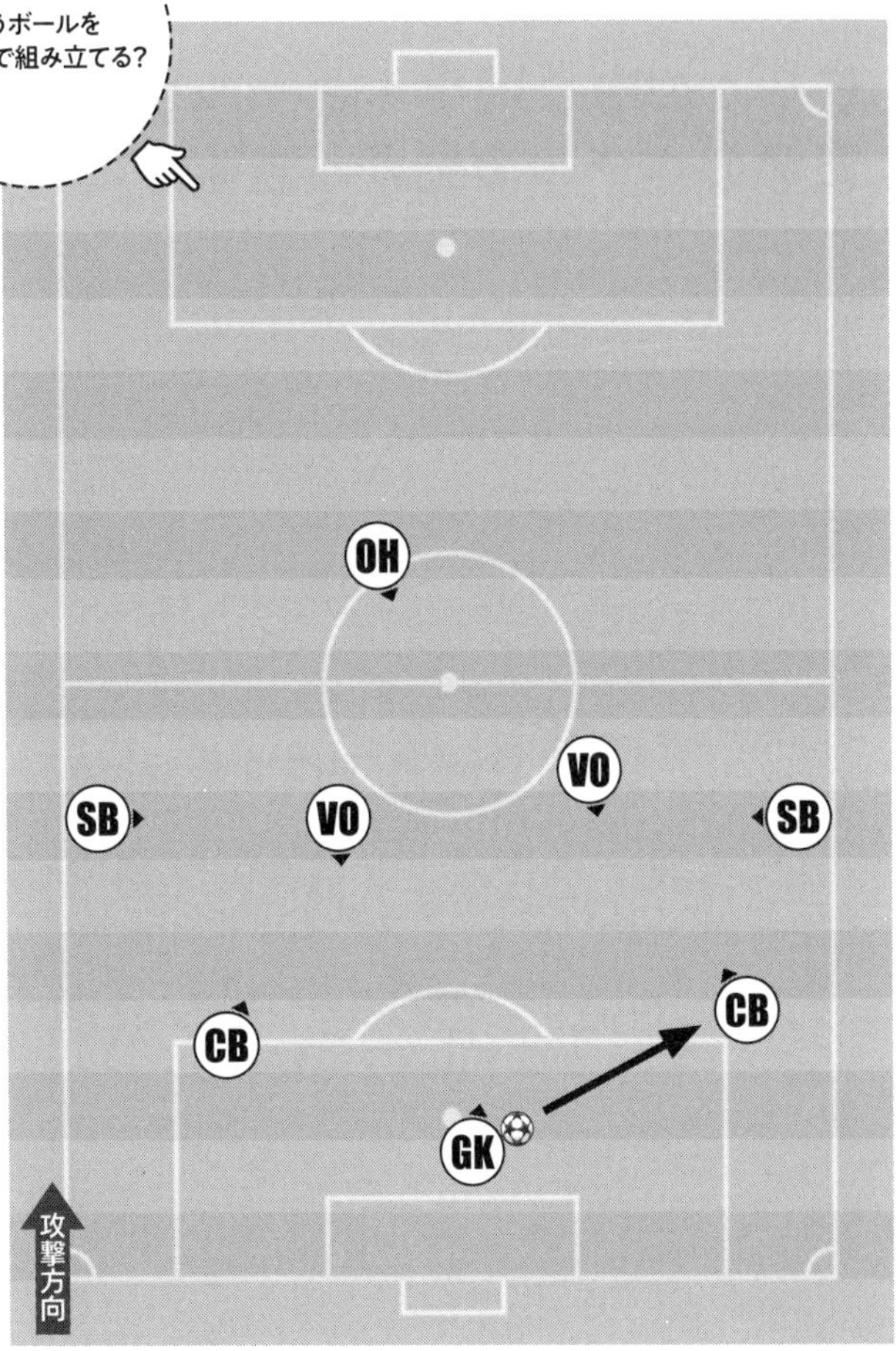

センターバックが前向きでボールを持っている状況。次のプレーとしてセンターバックが狙うセオリーは何だろうか

A N S W E R

正答例

「チームの中心選手へボールを送るためのボールの動かし方を考える」

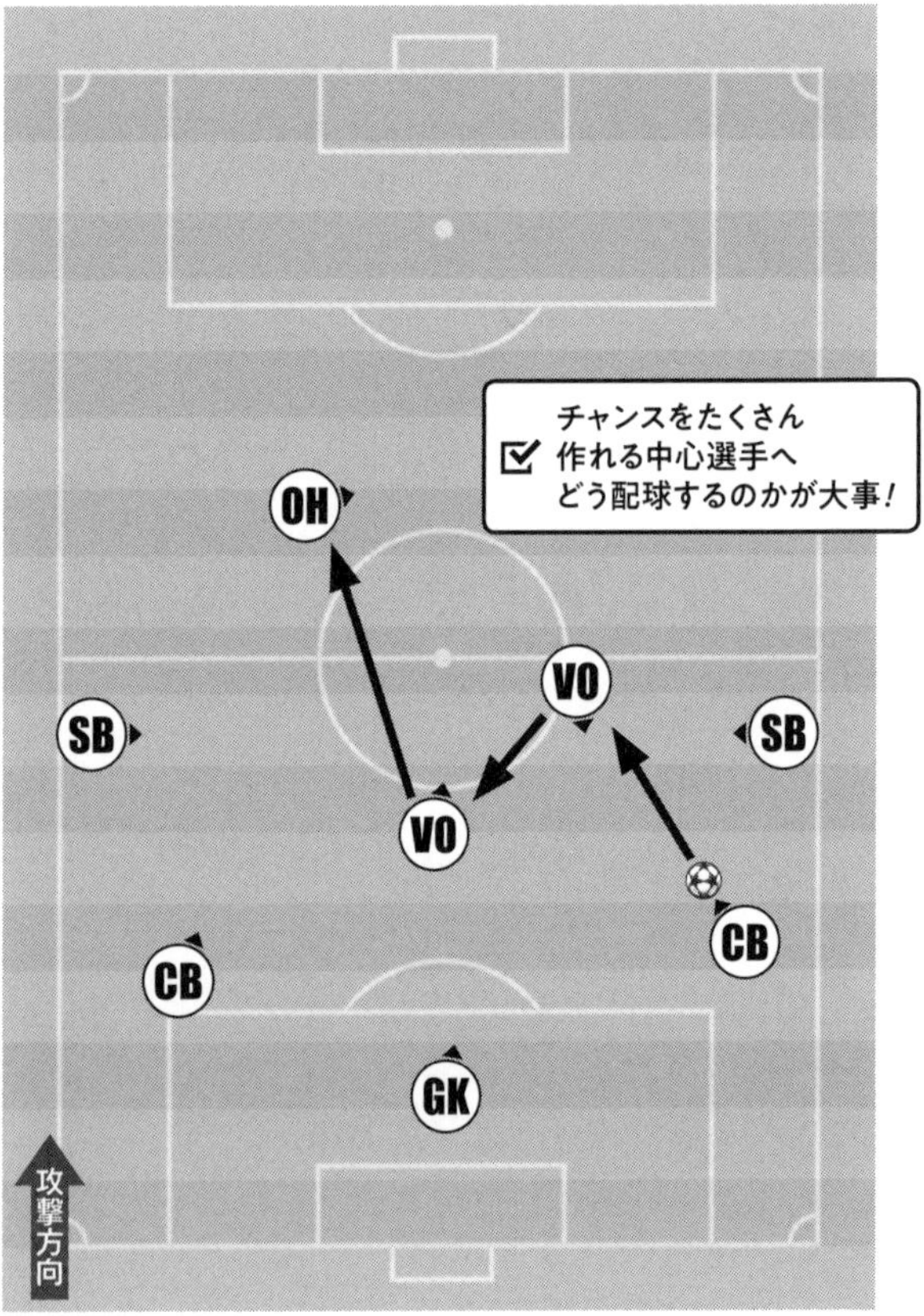
チャンスをたくさん
作れる中心選手へ
どう配球するのかが大事！
OH
VO
VO
SB
SB
CB
CB
GK
攻撃方向

チームの決め事として複数の選択肢を持っておく

チームとして考えるべきなのは、どうゴールまで結びつけるかです。そのために、どの選手にどのスペースでボールを渡すことが、ゴールチャンスが生まれる可能性が高まるのか。そこを紐解いていくと、どのようにボールを動かしていくべきかが分かってきます。

例えば、ベルギー代表でマンチェスター・シティの司令塔であるデ・ブライネ。この選手に相手陣内のハーフスペースで前向きでボールが入れば、大きなチャンスが生まれます。デ・ブライネにタイミング良くボールが渡る。そこからゴールまでを逆算をしていくわけです。

センターバックがボールを持ったら、そこまでの経由地として複数の選択肢を探ります。この選択肢というのは、チームの日頃の戦術トレーニングの中で実践し再現性を高めていきます。主なプレーパターンは62ページから紹介しますが、チームとして中心選手にどうプレーしてもらうのかを考えおく必要があります。もちろん他の選手もチャンスを作れるので「色々な攻撃方法を考えたほうが良いのでは」と思うかもしれませんが、これは確率の問題です。A選手とB選手。どちらのほうがたくさんチャンスを作れるのか、生まれるのか。そこを紐解いていけば、自ずと作り上げる攻撃の形が見えてくるはずです。

OTHERS ANSWER

正答例　パターン①

ターゲット選手へ縦パスを入れる

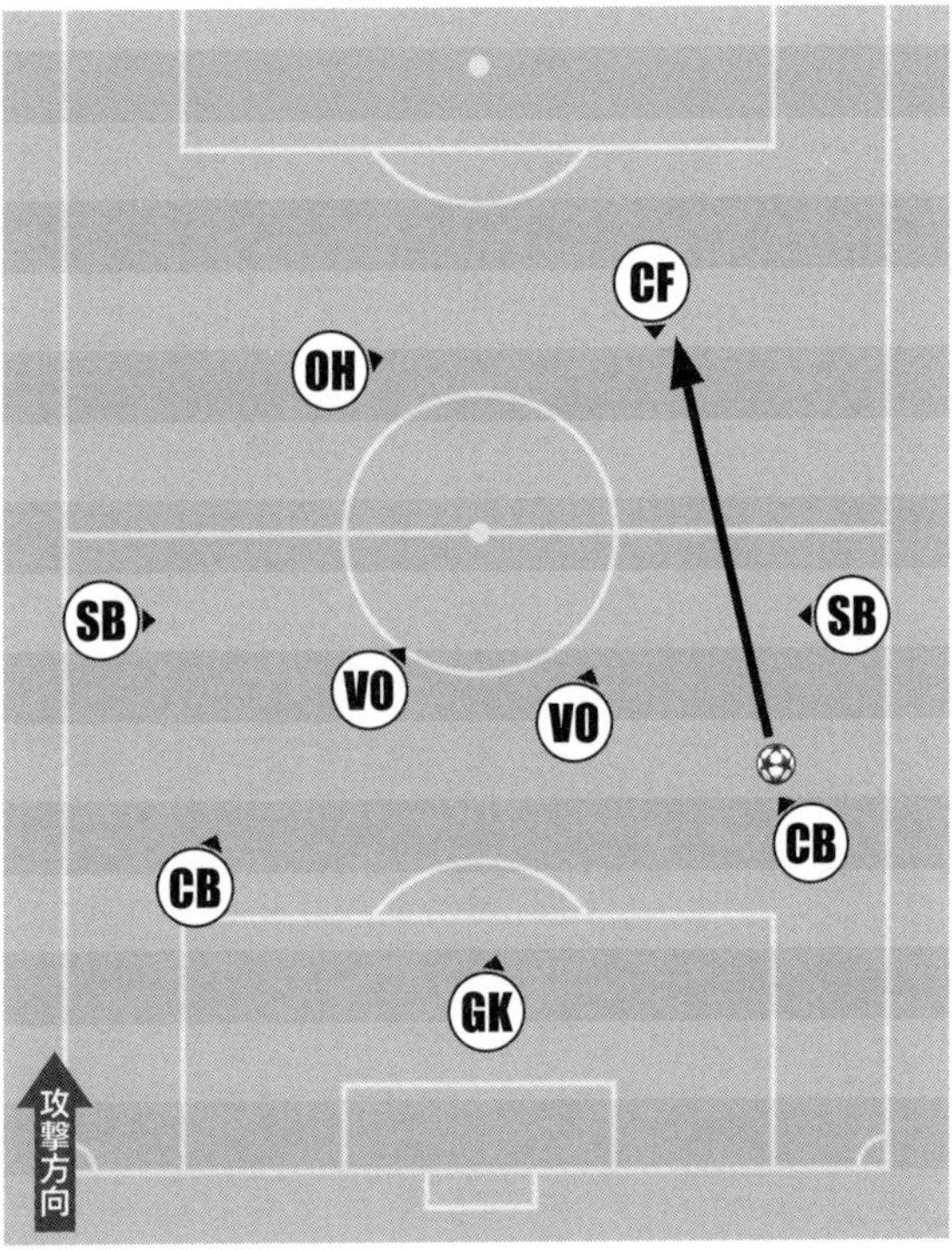

センターバックがボールを持ったときの狙いのひとつとして、優先順位の高いプレーは縦パス。センターフォワードやチャンスメイカーに縦パスを差し込めると、そのパスが攻撃のスイッチとなり崩しが始まる。ただ、相手の守備が固いエリアもこの位置になる。無理に差し込もうとすると途中でインターセプトされるので、状況判断は的確に

正答例 パターン②

「サイドに送って相手を広げ中央にスペースを作る」

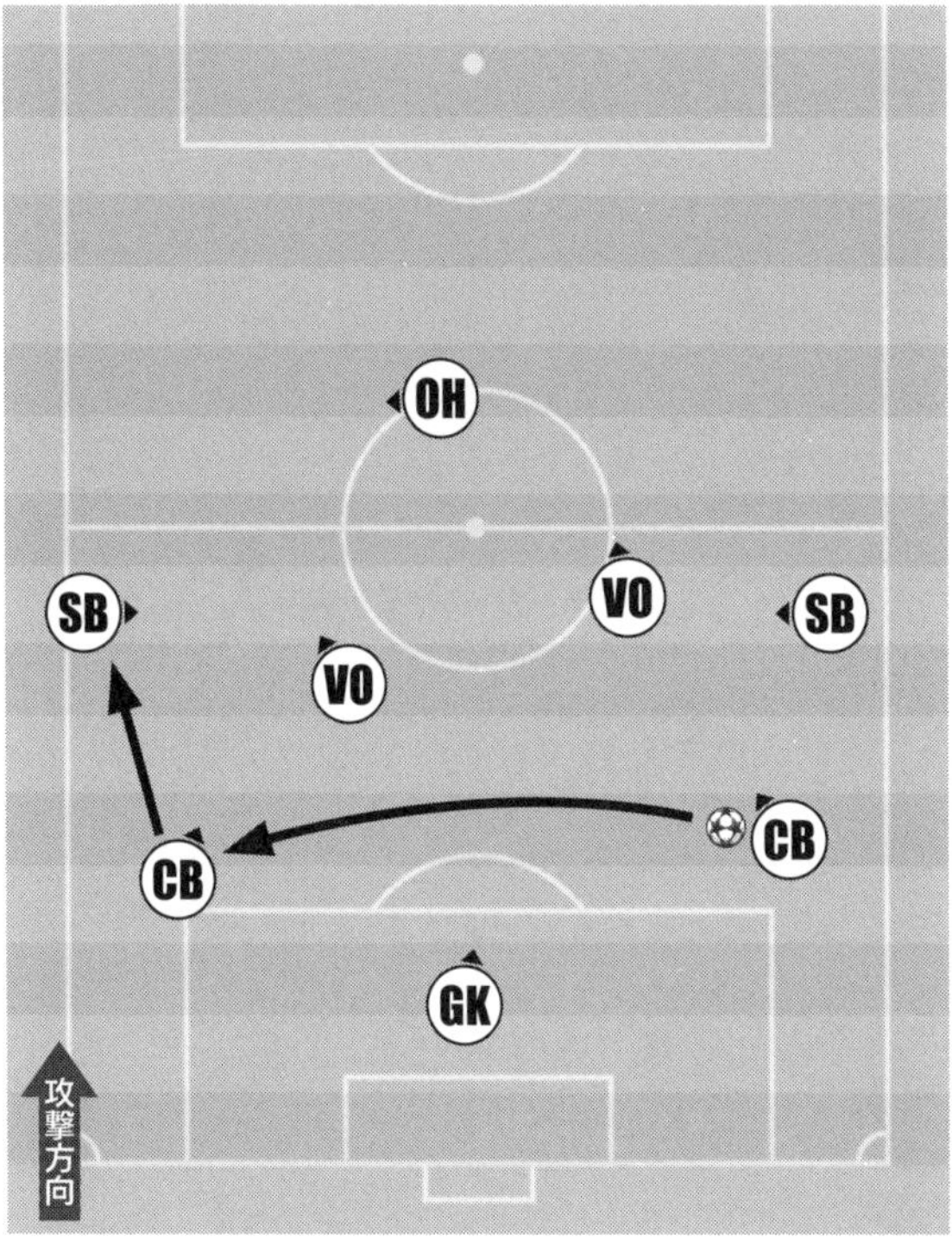

縦パスが出せないほど相手が中央を固めているのなら広げるしかない。中央にスペースを作るためには横幅を使ってボールを動かし、相手を左右に動かすようにする。ここで注意するのは、中央を空けるためのサイドへのパスだと意識を持つこと。単なるパス回しにならないようにしよう

OTHERS ANSWER

正答例　パターン③

「ドリブルで持ち上がって ラインを上げていく」

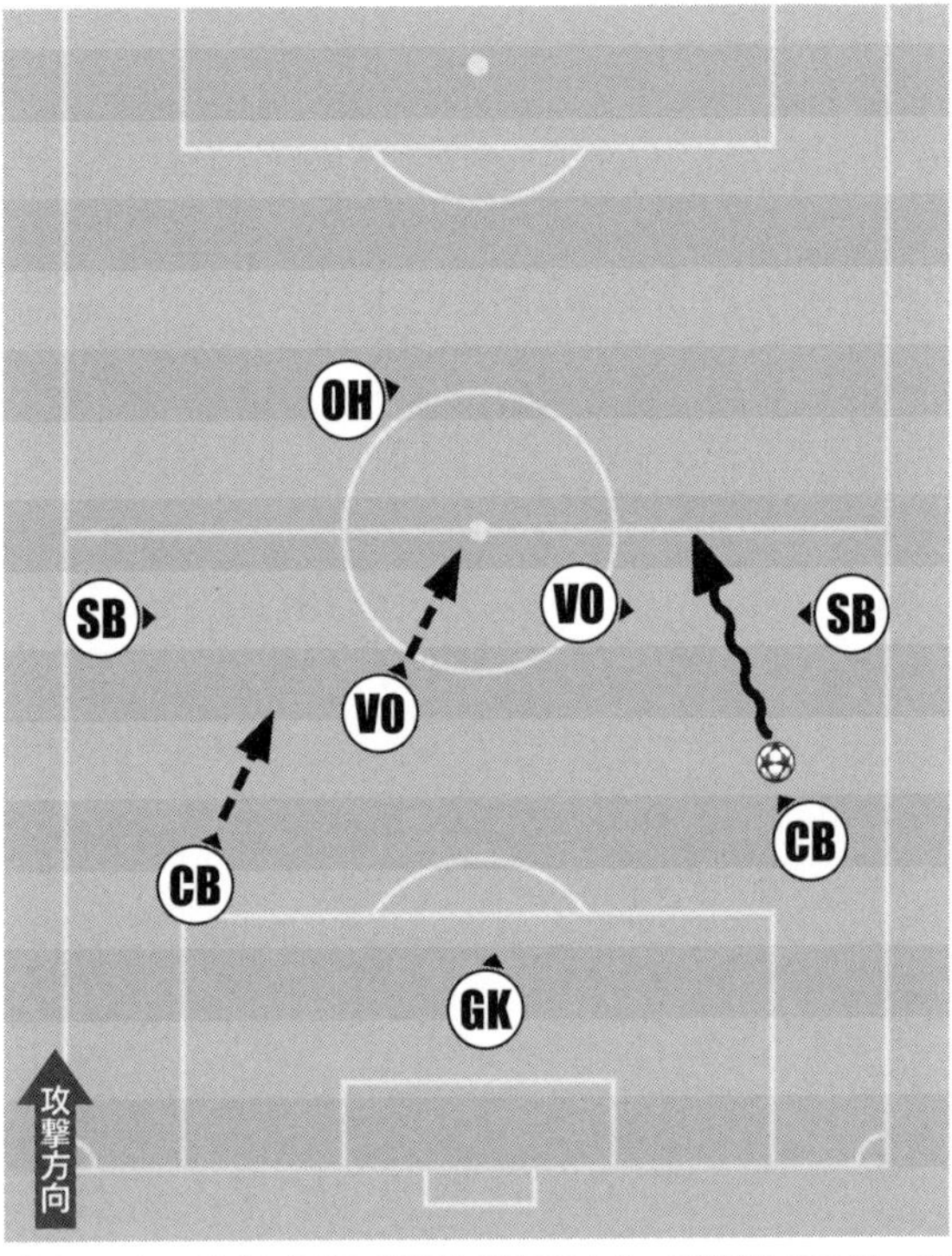

パスを回してボールを動かすだけでは局面が変えられない時間帯も出てくる。また、相手が自陣に引いてブロックを作っているような状況なら、センターバックは積極的にボールを持ち出してラインを上げておく。こうすることで、攻撃が跳ね返されても回収しやすいポジショニングを取ることができるので二次攻撃につなげることができる

正答例 パターン④

「相手のディフェンスラインの裏へボールを送り込む」

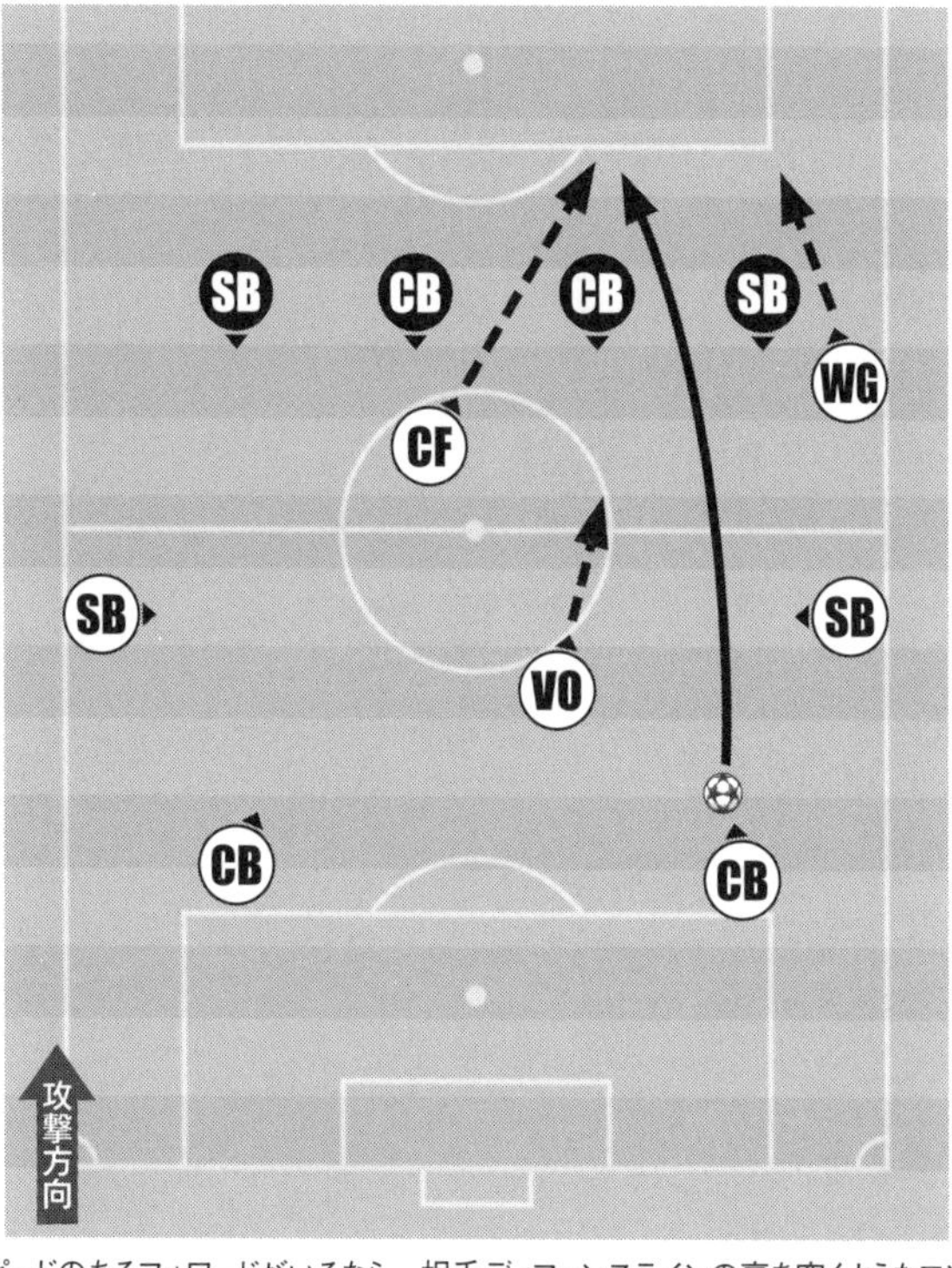

スピードのあるフォワードがいるなら、相手ディフェンスラインの裏を突くようなロングフィードも有効な手段。このロングボールは、相手のディフェンスラインを下げる効果もあり、中央のスペースがせまく中心選手にスペースを与えられないときにも有効だ。目の前でパスを回されるより裏へのパスを狙われるほうが嫌なプレーでもある

QUESTION

問題
10

ボールを保持しているときの正しいポジショニングはどうなりますか?

エリア	▶自陣（ペナルティエリア内）
攻守	▶攻撃のスタート（組み立て）
立ち位置	▶ボールを受けた状態

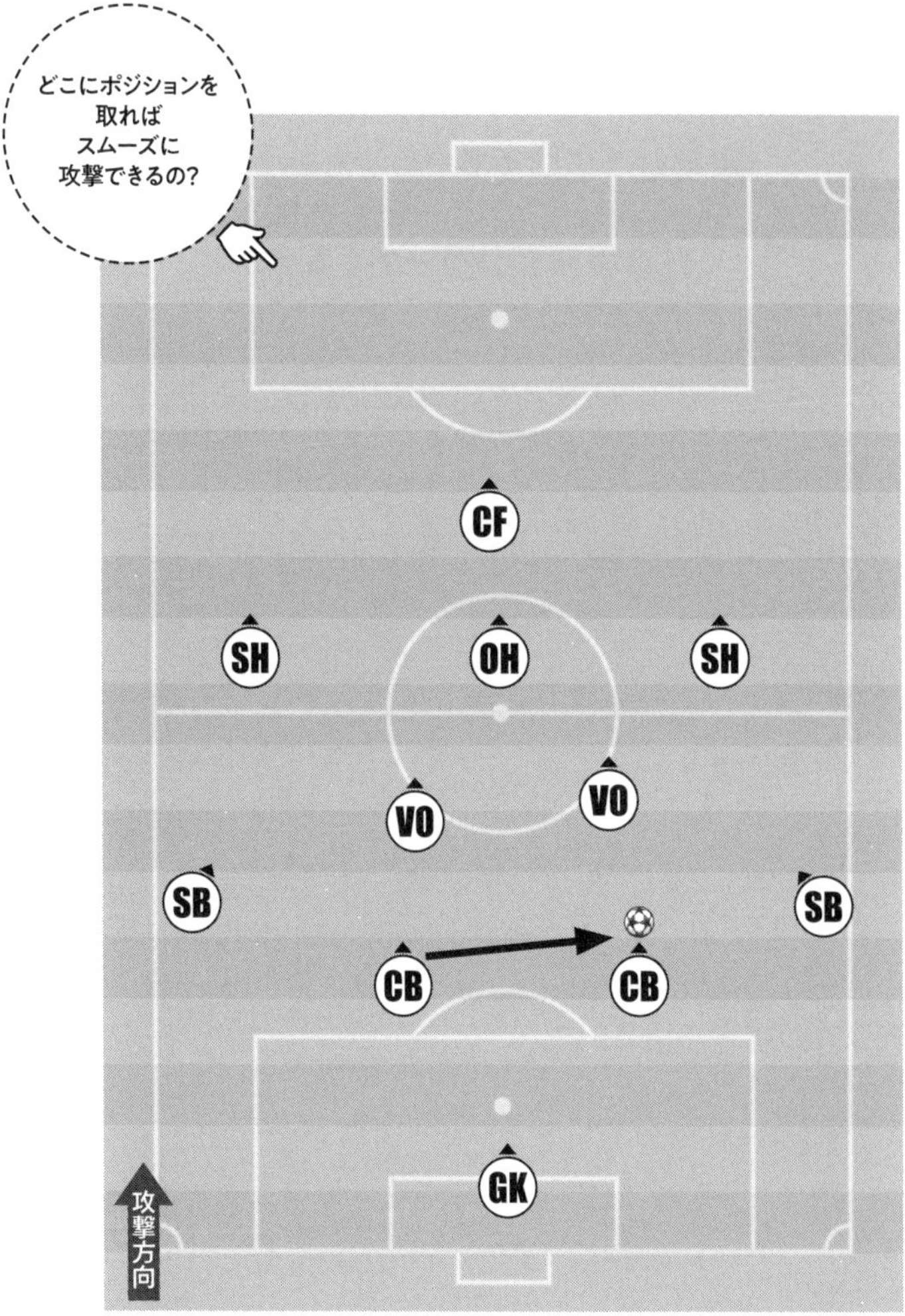

自陣でディフェンスラインでボールを動かし前へ狙いを定めている状況。このとき、周りの選手はどんな立ち位置を取っておくのがセオリーなのだろうか

ANSWER

正答例

「誰がどこに立っているかという
チームとしての統一があれば
見る場所が決まってくる」

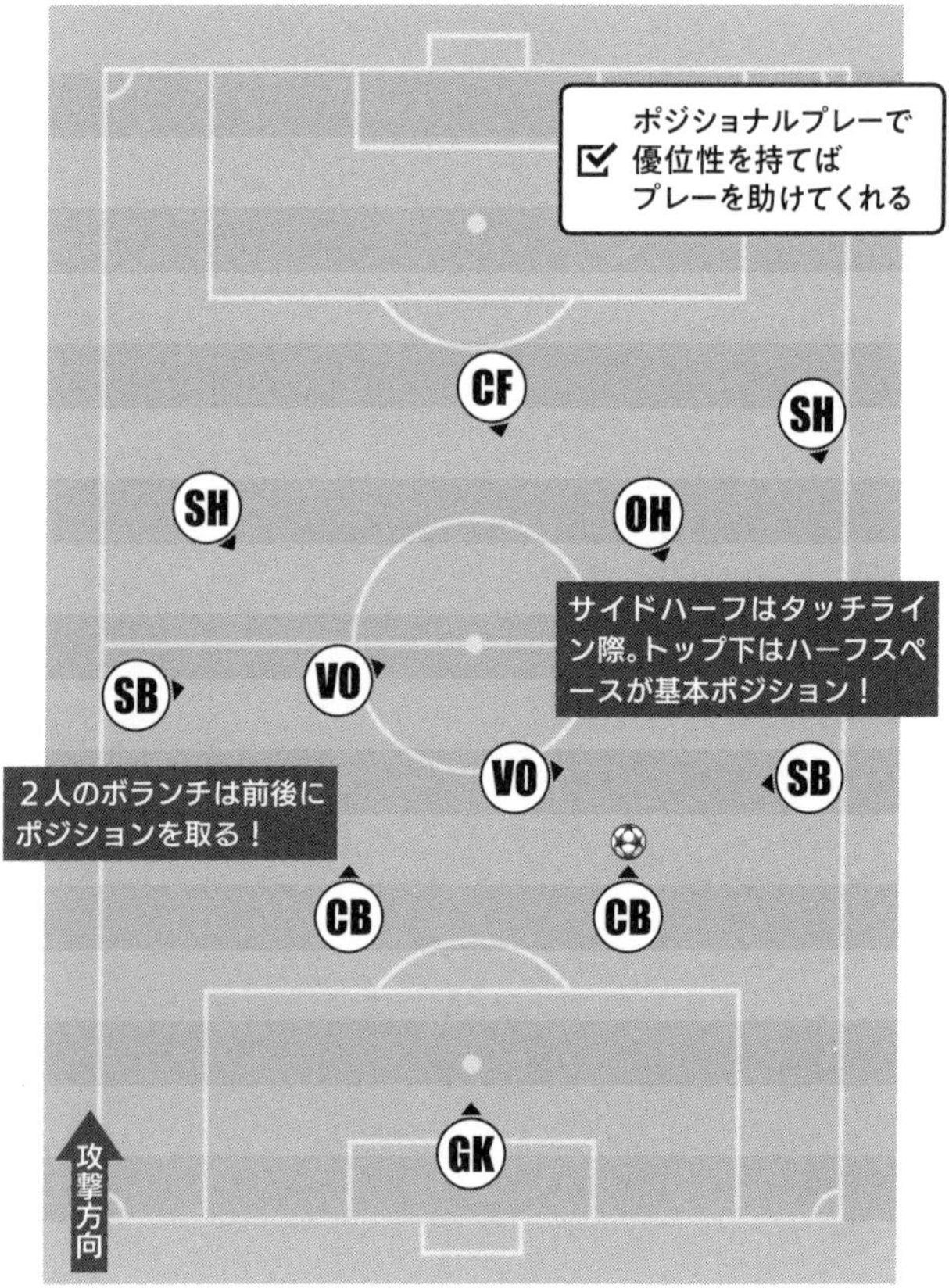
ポジショナルプレーで
優位性を持てば
プレーを助けてくれる
CF
SH
SH
OH
サイドハーフはタッチライン際。トップ下はハーフスペースが基本ポジション！
SB
VO
VO
SB
２人のボランチは前後にポジションを取る！
CB
CB
GK
攻撃方向

選手のタイプによっても攻め方は何通りもある

マイボールで、主にディフェンスラインでボールをつないで攻撃を組み立てているとき、自分たちがどんなポジションの立ち位置でプレーしていくかの基準を持っておけば、見る場所がはっきりします。つまり、誰がどこに立っているのかというチームの統一があれば、最初に見るべき場所が明確になるため、悩まずにプレーを判断できます。各選手は、ベースとなるスタートポジションから物事を生み出していきます。この考え方をポジショナルプレーと呼び、ポジションで優位性を持てることで、プレーを助けてくれることになるのです。

それでは、実際にどこに立つのかは選手の個性で変えていきます。例えば、ポストタイプのフォワードがいる場合、足の速いフォワードがいる場合、サイドからのカットインが得意な選手がいる場合、ライン間で受けるのが得意な選手がいる場合で、立ち位置もプレーや動き方も異なります。つまり、攻め方は選手の個性によって何通りも作ることができるのです。

近年では、ライン間（守備、中盤、トップのライン間）やレーン間（ピッチを縦に5分割）に立つことが良いとされていますが、チームの戦術やシステムはもちろん、相手の戦術や立ち位置から、正しいポジショニングを見つけていくことが重要になります。

OTHERS ANSWER

正答例　パターン①

ポストタイプのフォワードがいるなら中央のエリアを空けるために動く

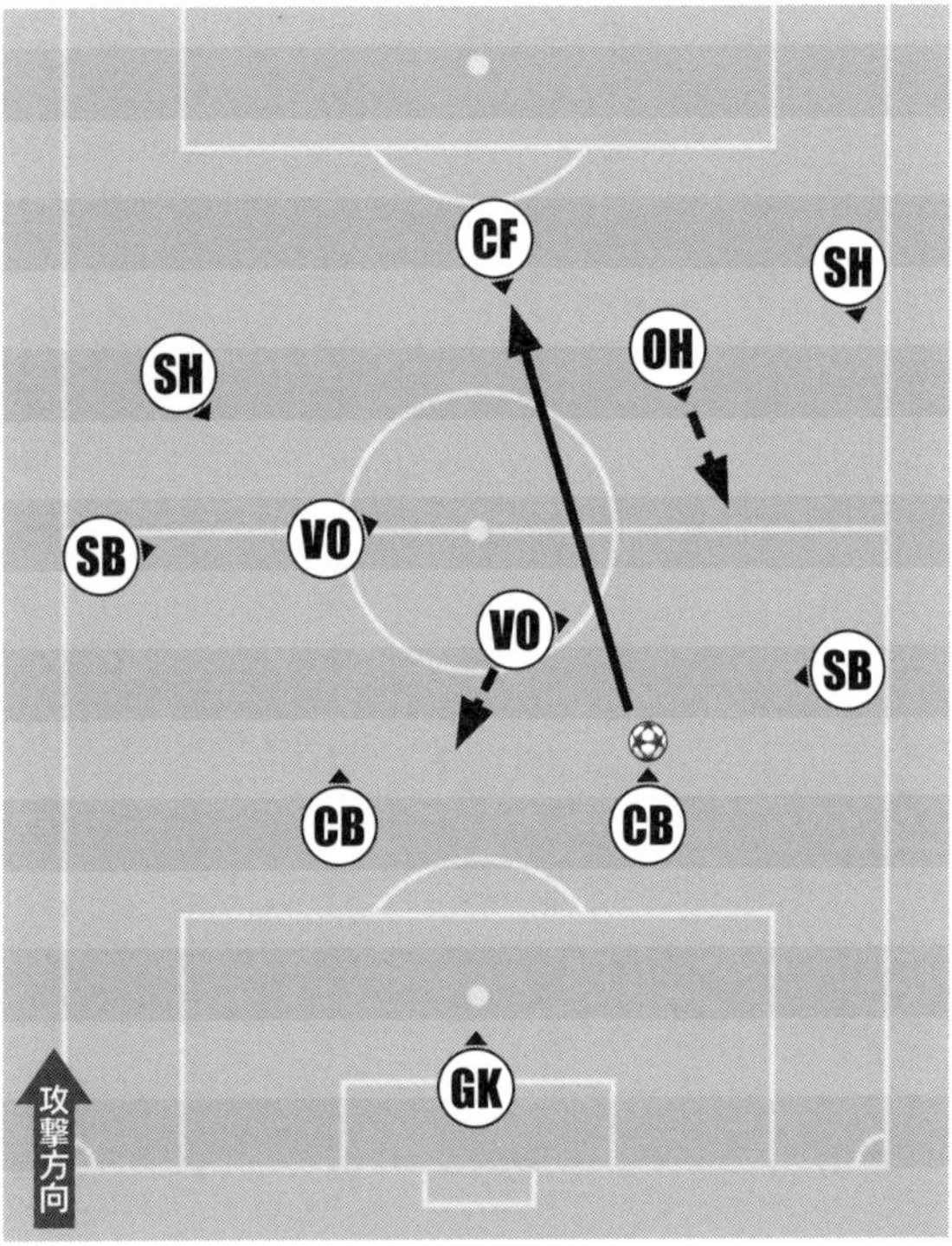

ボールの引き出し方の上手いポストに優れた選手がいるのなら、そこへの縦パスを差し込むために周りの選手は中央のスペースを空けるために動くこともチームとして計算されたプレーとなる。センターバックがボールを受けて顔を上げたときに、ボランチやトップ下が斜めに動いて中央のエリアにスペースを作り出しそこに縦パスを送っていく

正答例 パターン②

足の速いフォワードがいるなら
裏のスペースを空けるために動く

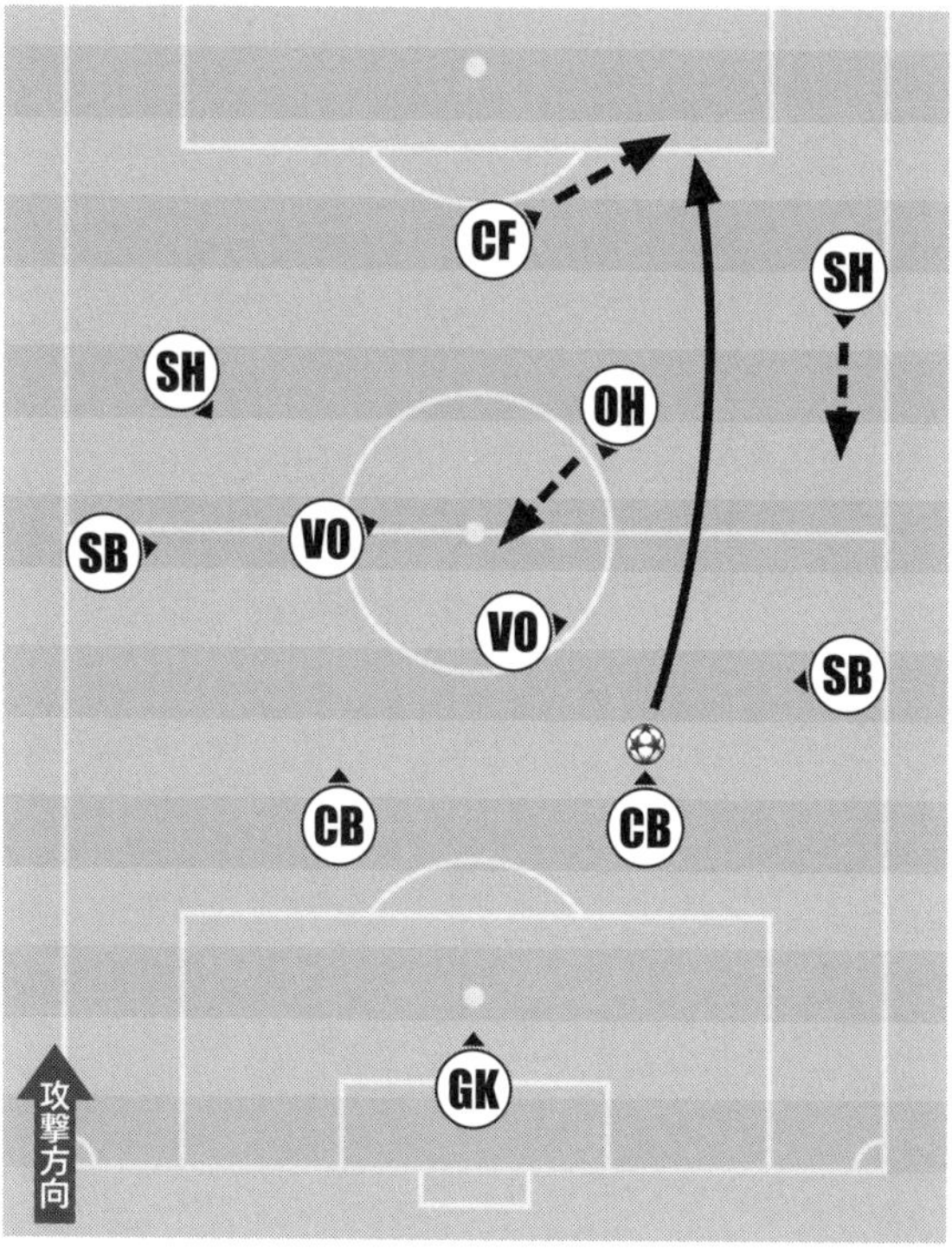

足の速いセンターフォワードがいるのなら、その選手を走らせるための裏のスペース作りも欠かせない。サイドにいる選手や中央のトップ下が相手ディフェンスを引きつけ、生まれたスペースにフォワードが走り込む。フォワードは、オフサイドにならないようタイミングを考えて走り出していく

OTHERS ANSWER

正答例　パターン③

ライン間で受けるのが得意な選手がいるなら
ボランチが中央にスペースを空ける

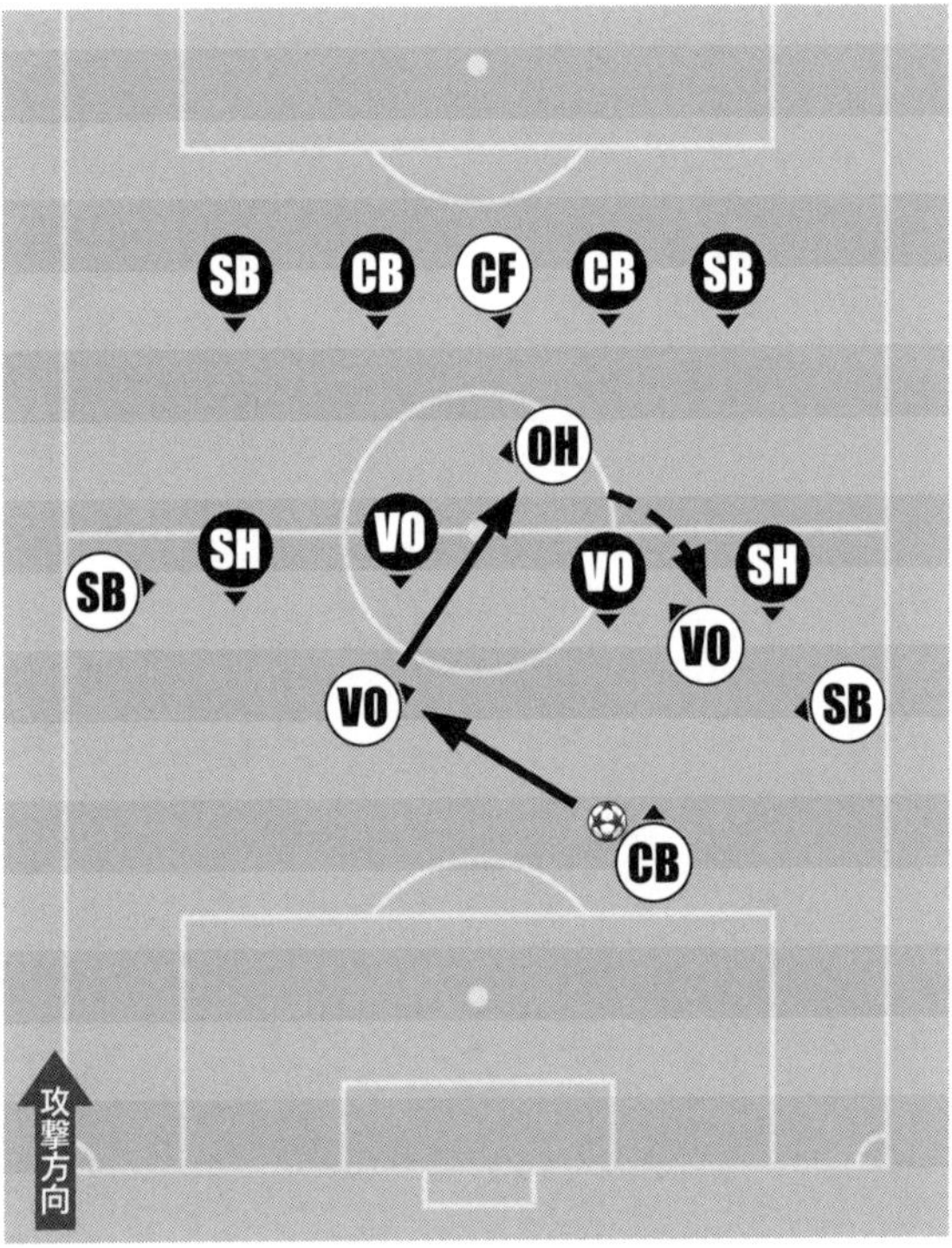

ディフェンスラインと中盤のライン間でボールを受けて前を向けたら、そこから崩しのキッカケが作れる。このライン間でボールを受けるのが得意な選手がいるなら、このスペースを空けるためにボランチが下がり、もう一方のボランチから斜めのパスが出るようにボールをつないでいく

正答例　パターン④

ヘディングの得意なフォワードがいるなら
セカンドボールを拾う位置に動く

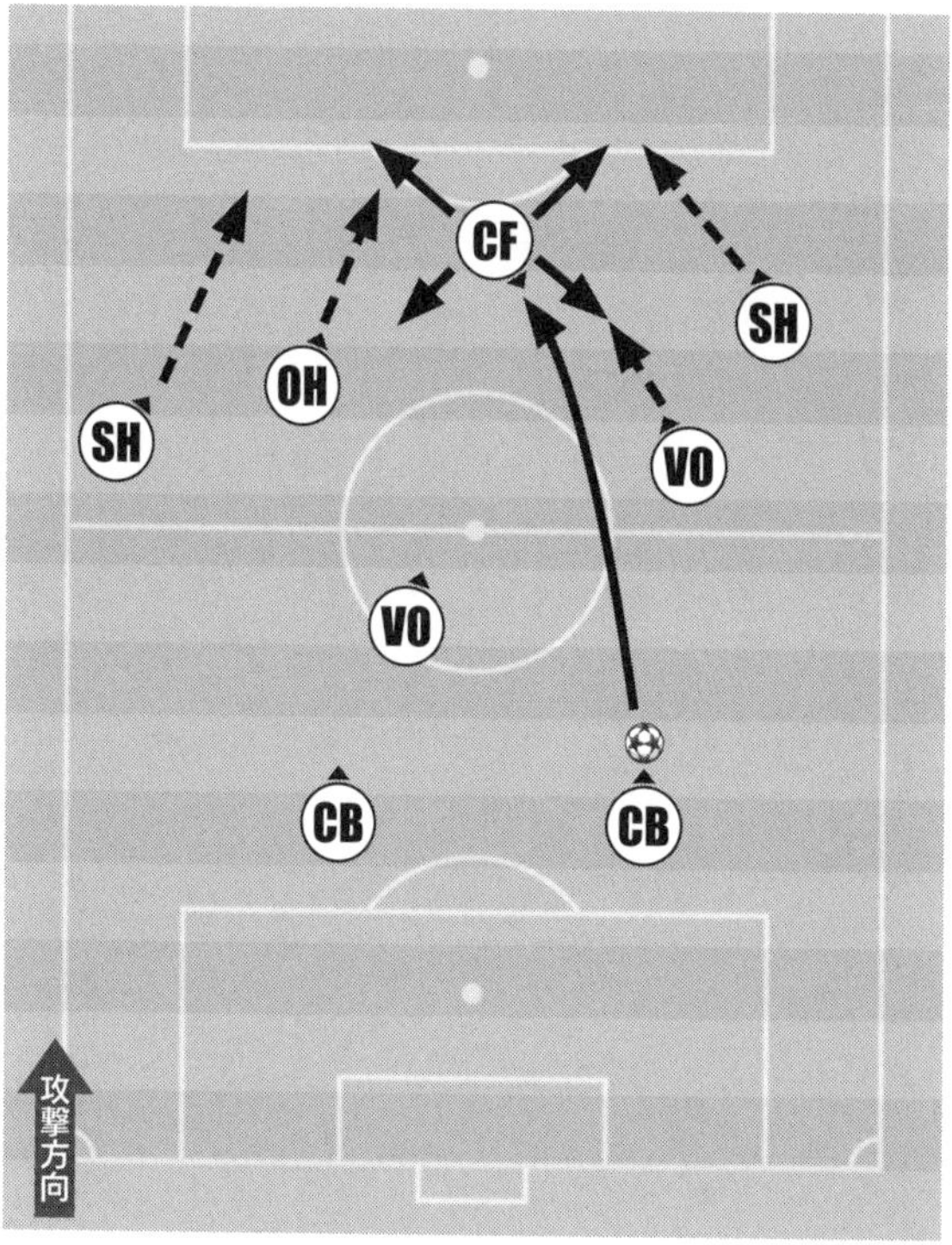

背が高くヘディングに絶対の自信を持っているフォワードがいたら、そこへロングフィードを出してセカンドボールを回収し、相手陣内でゲーム運びを続けるのもおすすめの戦術のひとつ。育成年代でこのような戦術を採用すれば、質の高いロングフィードが蹴られるセンターバックやヘディングに強いフォワードが育つ

QUESTION

問題
11

前へのパスが出せず
ディフェンスラインでの
パス回しが続いています。
改善する方法は何がありますか？

エリア	▶自陣
攻守	▶攻撃の組み立て
立ち位置	▶ボールを受けた状態

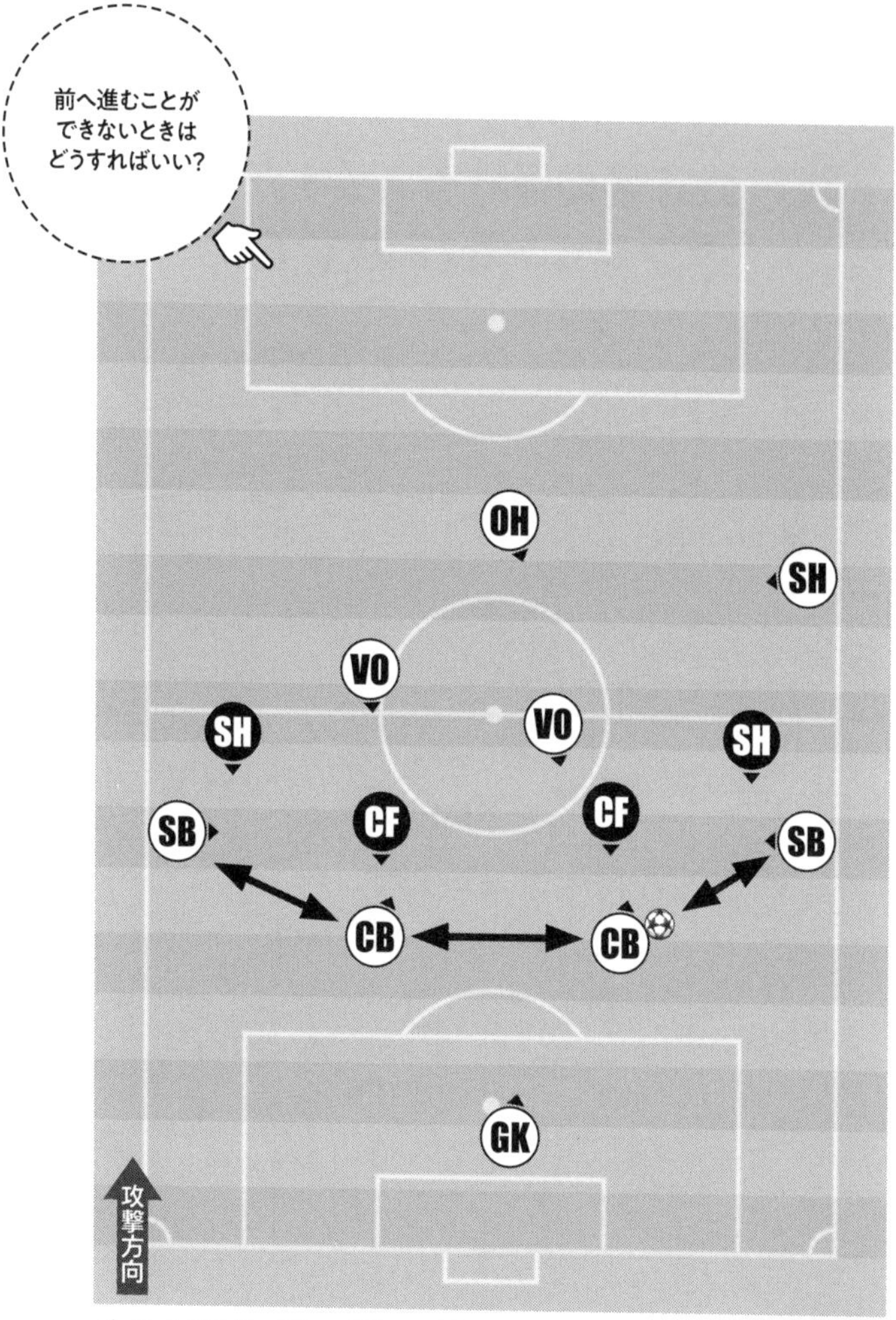

ディフェンスラインでボールを動かし攻撃の糸口を探っている状況。相手の守備も堅いため、どうしても前を狙うパスが出せずにいる

ANSWER

正答例

「相手の守備の目線をズラすために ポジションを移動する」

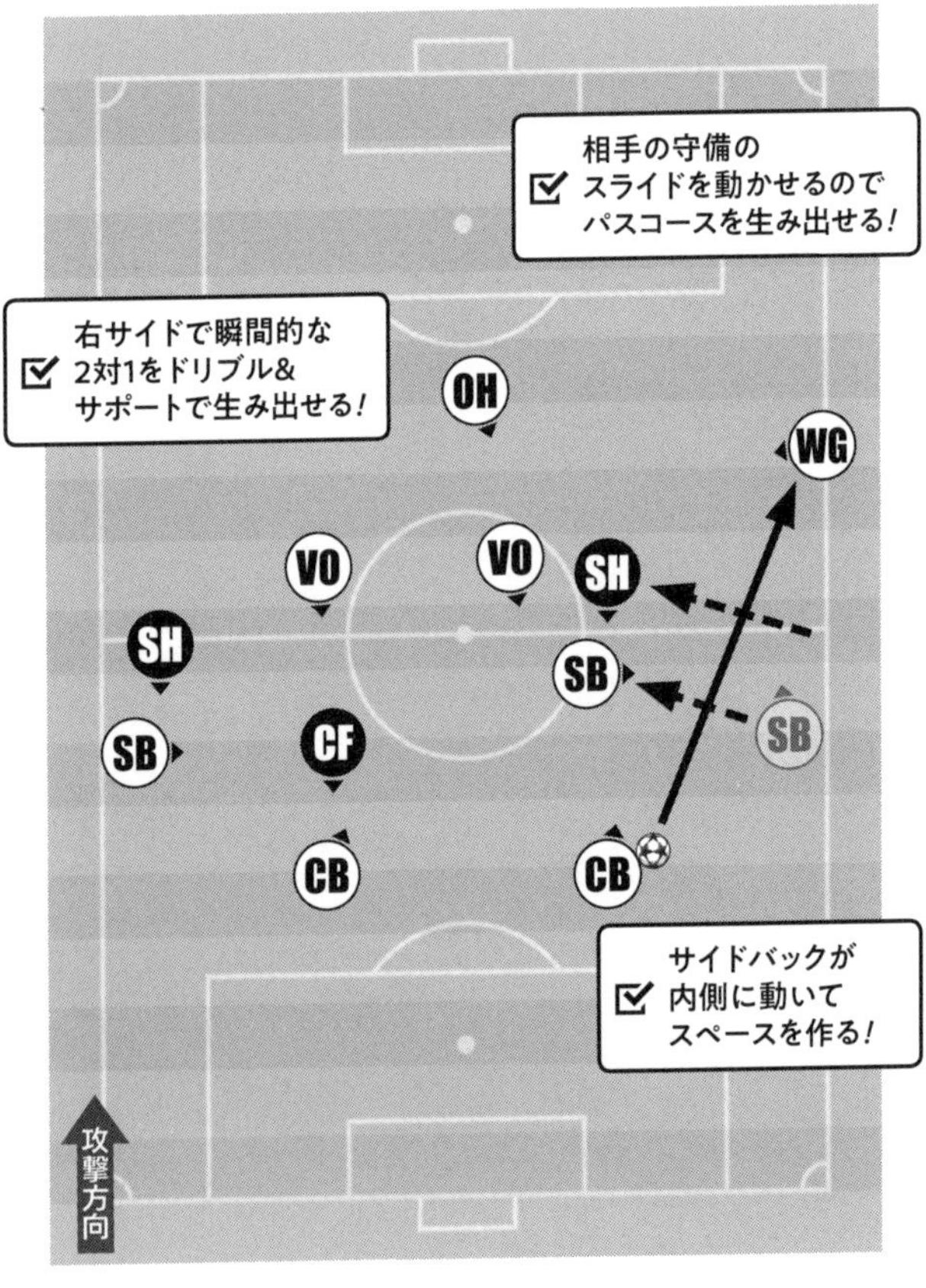
相手の守備の
スライドを動かせるので
パスコースを生み出せる!
右サイドで瞬間的な
2対1をドリブル&
サポートで生み出せる!
OH
WG
VO
VO
SH
SH
SB
SB
SB
CF
CB
CB
サイドバックが
内側に動いて
スペースを作る!
攻撃方向

サイドバックが内側にポジションを取るなど変化をつける

例えば、4-2-3-1のシステムを使っているとしたとき、ディフェンスラインの4枚とボランチの2枚が中心となってボールをつないでいく。相手は、それを2トップとサイドハーフとボランチを当てて前に出させないようにする。このときに、裏への飛び出しや何かしらの工夫がないと、簡単には運べない。これをボールを持たされている状態と良く言います。

このように、守備組織がしっかり構築されているチームに対しては、ポジション移動など大きな変化が必要になってきます。つまり、相手の目線をズラしてそこにスキを作るのです。

近年では、マンチェスター・シティのペップ・グアルディオラが、サイドバックをボランチの位置に動かして攻略しようとしました。右サイドバックが中へ入ったことで、相手の左サイドハーフが中にポジションをとった。そこに生まれたスペースを使い右のウイングにボールを送って幅を取る。幅を取れば中央が空いてきてチャンスメイカーにボールを渡すことができる。攻撃が停滞しているときにはとても有効になります。ただし、これらの変化をつけていったとしても相手の動き次第では、違う動きをしないといけません。相手次第ではありますが、自分たちから変えていくことは攻撃をスムーズにさせるキーワードと言えます。

QUESTION

問題
12

「ビルドアップしているときに中盤より前の選手はどのように動いてパスを受けるのがベストでしょうか？」

エリア	▶ 自陣
攻守	▶ 攻撃の組み立て
立ち位置	▶ ボールを受けた状態

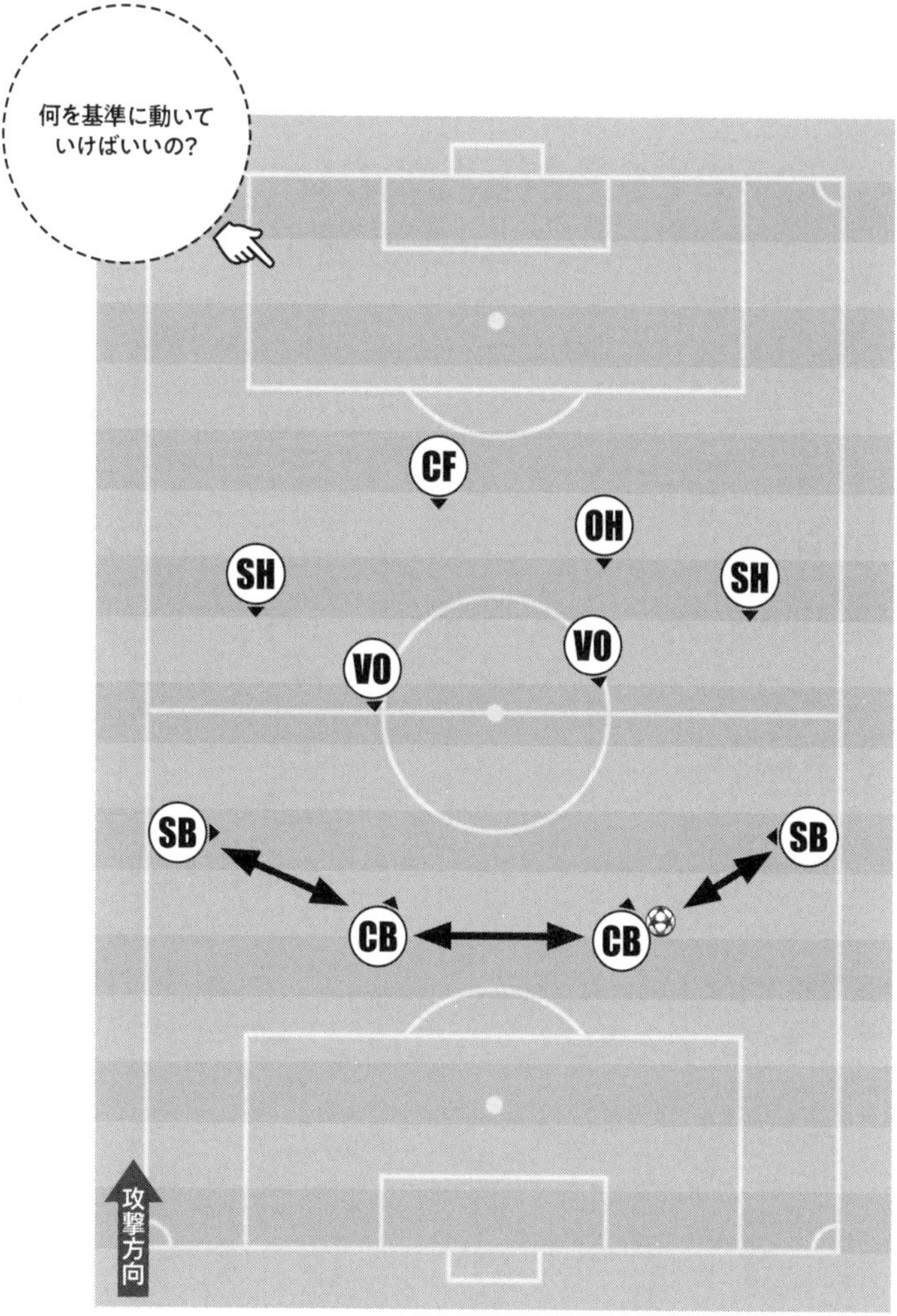

ディフェンスラインでボールをつないで組み立てていくビルドアップ。ディフェンスライン以外の中盤やフォワードの選手は、どのように動いて組み立てに参加していくのがセオリーになるのだろうか

A N S W E R

正答例

「ピッチを5分割した縦のレーンと中間ポジションを意識する」

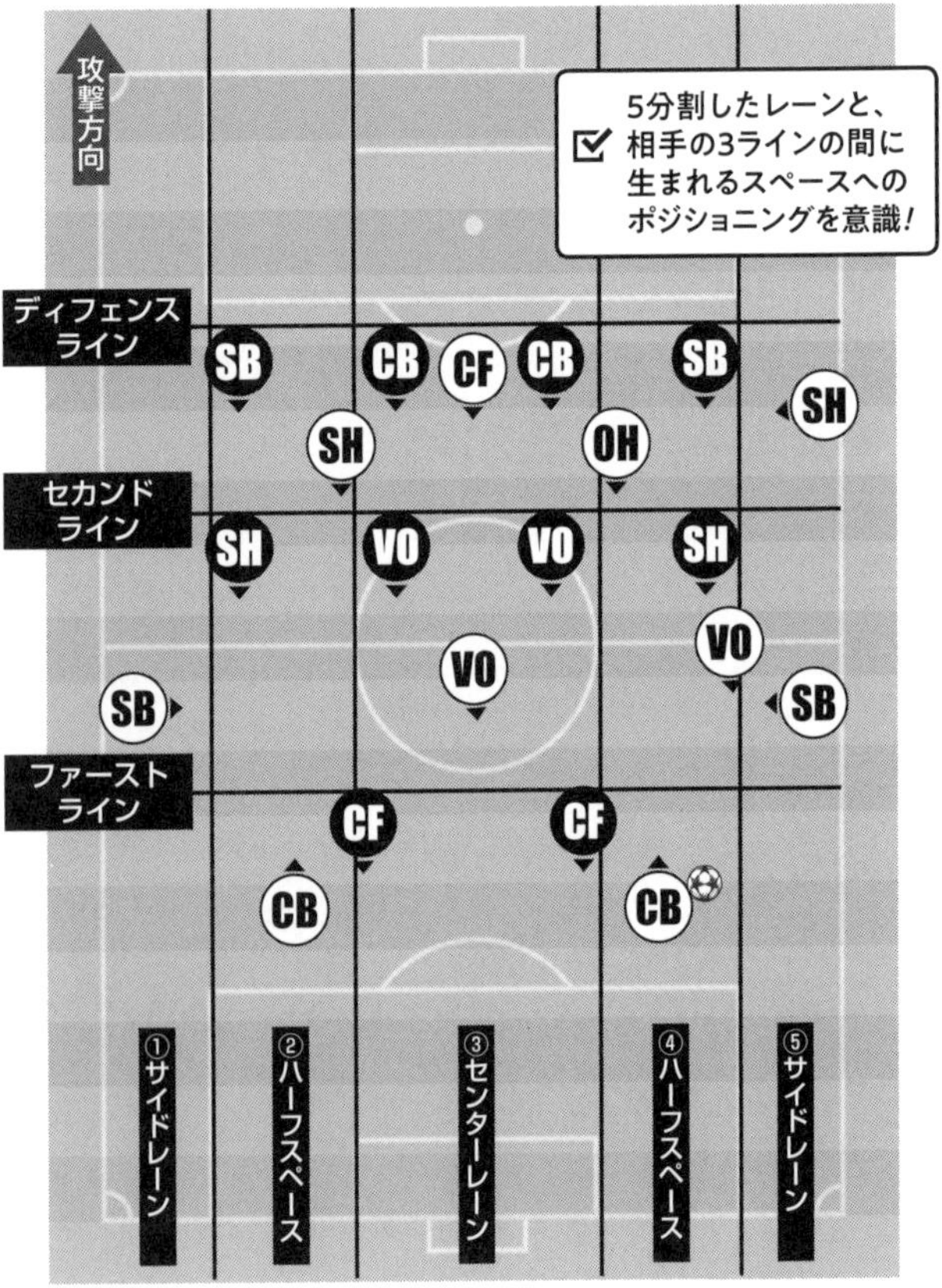

ボールホルダーが視野を確保できたタイミングに動き出し選択肢になってあげる

選手はピッチ上で動いていかないとボールを引き出すことはできません。ただし、むやみに前後左右に動いたとしても周囲との距離感が悪くなったり、パスの出し手もいつパスを出せば良いのか大いに悩むことでしょう。まず押さえておきたい動き方の基本は、ボールホルダーが顔を上げて視野を確保したタイミングに動き出す、もしくはフリーになっておくことです。良くあるのが、ボールホルダーのことを考えずに早めに動き出してしまうこと。タイミングが早くなると、パスを受けるときには相手にマークされている状況となってしまいます。

ポジションを取りながら、ボールホルダーが顔を上げたタイミングで動き出す、またはポジションを取ると出し手も悩まずにパスを出せます。

それでは、ポジショニングとしては、基準とするのが相手のライン間（ディフェンダー、中盤、フォワードが並ぶ3つのライン）と、ピッチを縦に5分割した縦のレーンの間のスペースを意識します。このエリアに立つことで、バランスの良い配置が作れます。状況次第で、相手同士の中間ポジションに入り、フリーな状況を作っておくようにしましょう。もちろん、裏への飛び出しやダイアゴナルに動いてのポジション変化もスムーズな攻撃をするには欠かせません。

QUESTION

問題

13

相手の陣形を崩すことができず攻撃の糸口が見つかりません相手を揺さぶる良い方法は何がありますか？

エリア	自陣
攻守	攻撃の組み立て
立ち位置	ボールを受けた状態

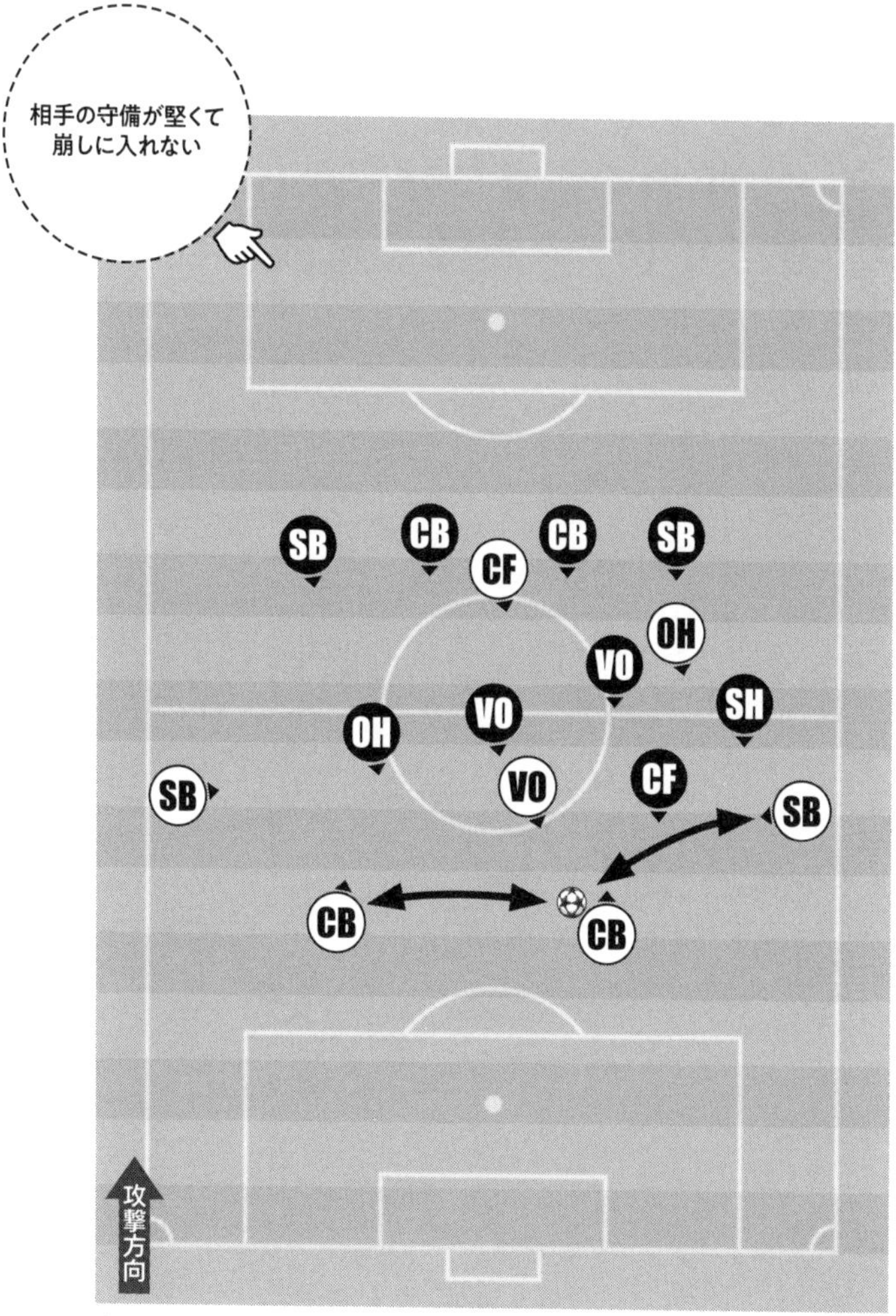

自陣でディフェンスラインやボランチを中心にボールをつないでいるが、相手の守備が堅く、攻撃を仕掛けられず停滞してしまっている

ANSWER

正答例

相手を引きつけてから逆サイドへの展開を意識する

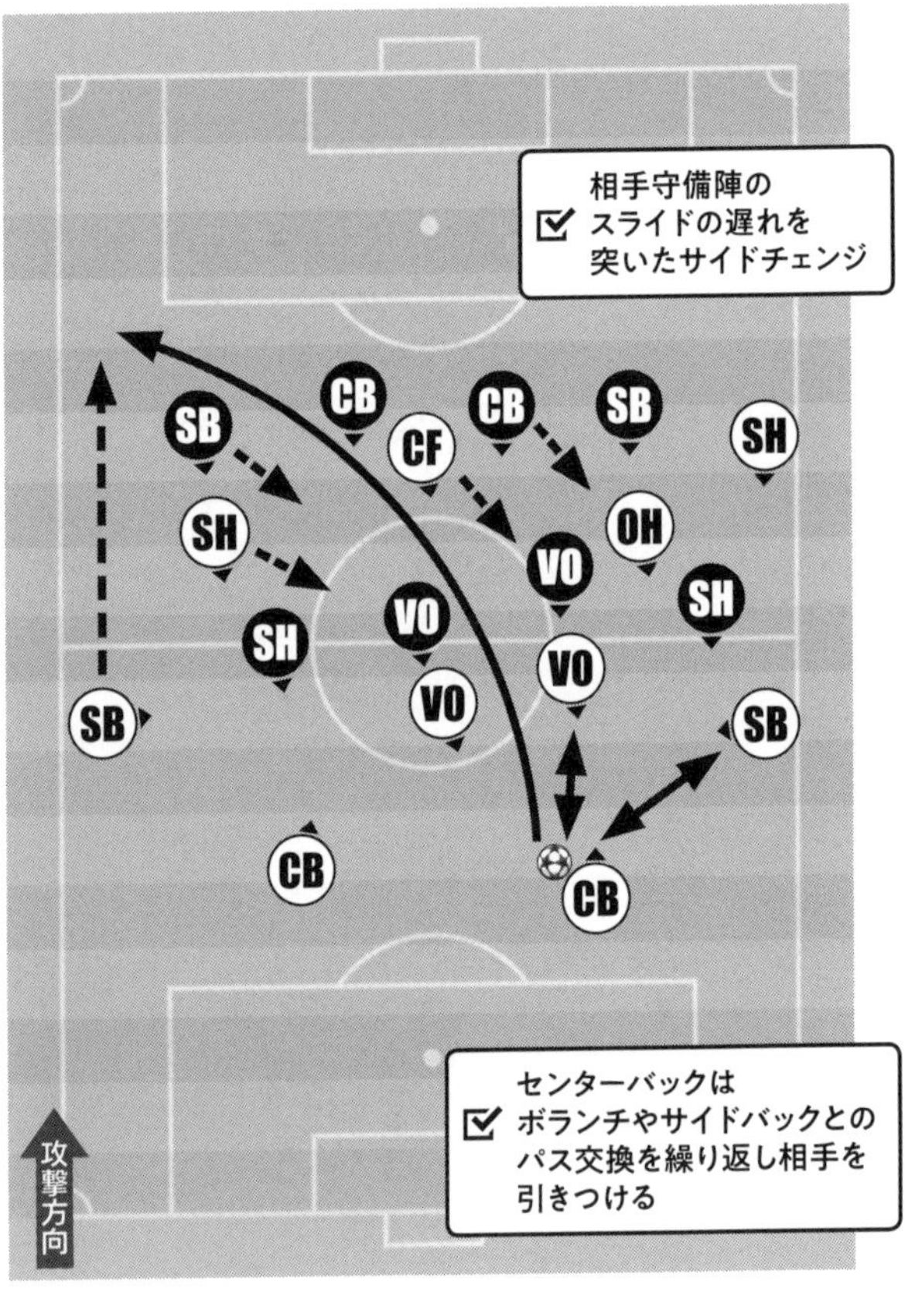
相手守備陣の
スライドの遅れを
突いたサイドチェンジ
センターバックは
ボランチやサイドバックとの
パス交換を繰り返し相手を
引きつける
攻撃方向
CB
CB
SB
SH
SB
CF
SH
OH
VO
SH
VO
SH
VO
SB
VO
SB
CB
CB

スペースを攻めるならば相手の守備組織を広げることから始める

ゴールのある中央を固めるのは守備のセオリーです。どんなに攻撃を売りとしているチームも相手の守備を破りスペースを攻めていくには相手を揺さぶる必要があります。

揺さぶっていくうえで意識したいのが「幅」と「深さ」です。幅とは、タッチラインから逆サイドのタッチラインまでの68ｍ。深さとは、ゴールからゴールまでの縦方向を示します。この幅と深さを使いながら展開していくことで、相手守備陣を広げてピッチ上にスペースを生み出すことができます。

まず、幅を取る際に有効なのはサイドチェンジです。右から左へ一気にボールを展開して相手を左右にスライドさせます。このスライドするときに誰かの動きが遅れることで、スペースが生まれるのです。そして、より効果的にするためにも、同サイドに相手を寄せること。ボールを縦方向に出し入れしながら、少しずつ相手を引きつければ、逆サイドにスペースが作られます。そこに1本のサイドチェンジを送ることで、相手陣内に侵入することができるのです。

深さは、相手のディフェンスラインを下げることで深みが取れます。下げるためには裏への走り出しと、そこへのフィードを見せること。このアクションを入れることでＯＫです。

QUESTION

問題

14

サイドバックの組み立て時の立ち位置が中途半端になりがちです。解決するためにどんなポジショニングを取れば良いでしょうか？

エリア	▶ 自陣
攻守	▶ 攻撃の組み立て
立ち位置	▶ ボールを受けた状態

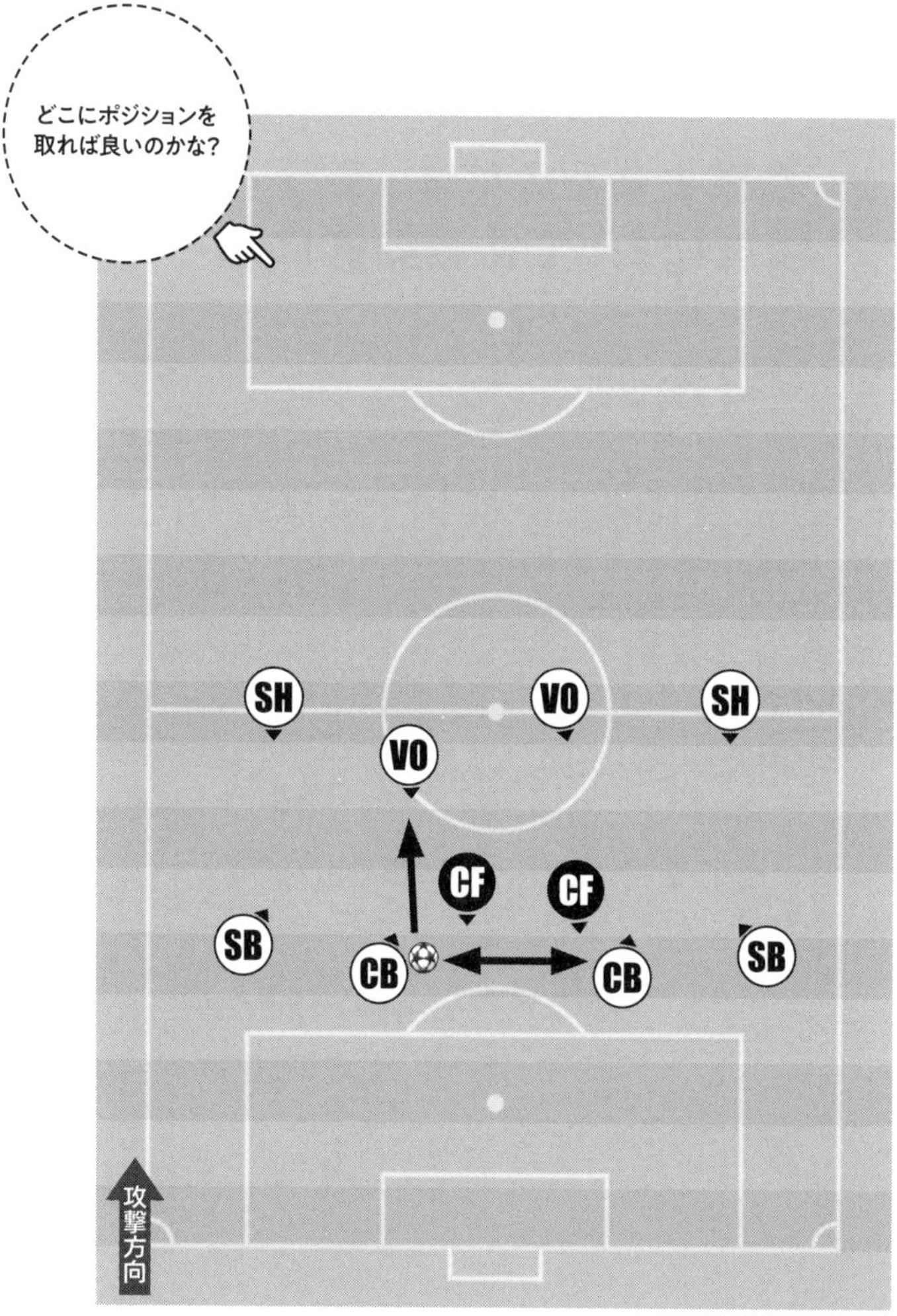

センターバックやボランチを中心にボールをつないでいるが、サイドバックの立ち位置が定まらずにいる。どのポジションに取ることがセオリーになるのだろうか

A N S W E R

正答例

「基準となるのはタッチライン
状況によっては流動的に動く」

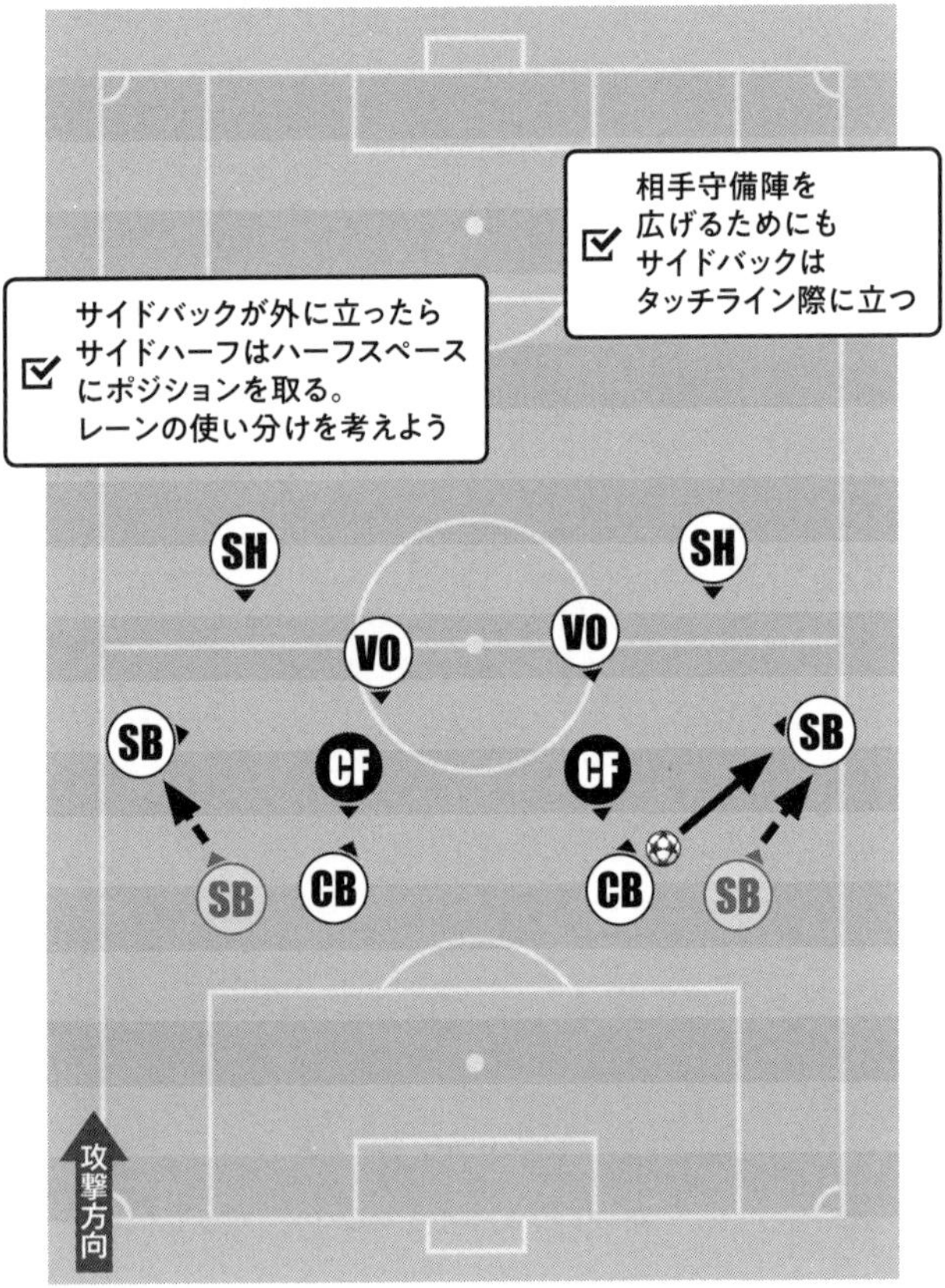
相手守備陣を
広げるためにも
サイドバックは
タッチライン際に立つ
サイドバックが外に立ったら
サイドハーフはハーフスペース
にポジションを取る。
レーンの使い分けを考えよう
SH
SH
VO
VO
SB
CF
CF
SB
SB
CB
CB
SB
攻撃方向

幅を取ることをまずは考える

サイドバックはタッチラインを背にしながらポジションを取るのがセオリーです。相手守備陣をワイドに広げるためにも、幅を広く取る位置取りを意識してください。

この立ち位置を基準に、ボールの動きやセンターバックやボランチなど味方の状況によって流動的に動いていきます。

例えば、味方のセンターバックがフリーでボールを運び出そうとしているのにサポートポジションにいたら、プレーに参加していないのと同じこと。ここでの正しいポジションとしては、センターバックからのパスを受けて攻撃につなげられる立ち位置を探していきます。

先ほども説明したが、基本の立ち位置はタッチラインを背負ったポジション。しかし、タッチラインを背負うことのデメリットもあります。それは、自分の後方にスペースがなくなることです。ボールを受けた際に、そこから逃げたり動いたりするエリアが限られることです。ただし、これもケースバイケースなので、しっかり状況変化に対応できるように準備をしておけば問題はありません。なるべく相手の嫌がるような動き、チームにとって最善となる動きをいつも考えながらポジショニングしましょう。

OTHERS ANSWER

正答例　パターン①

「ボールホルダーのセンターバックにプレッシャーがかかっていなければ高い位置に動く」

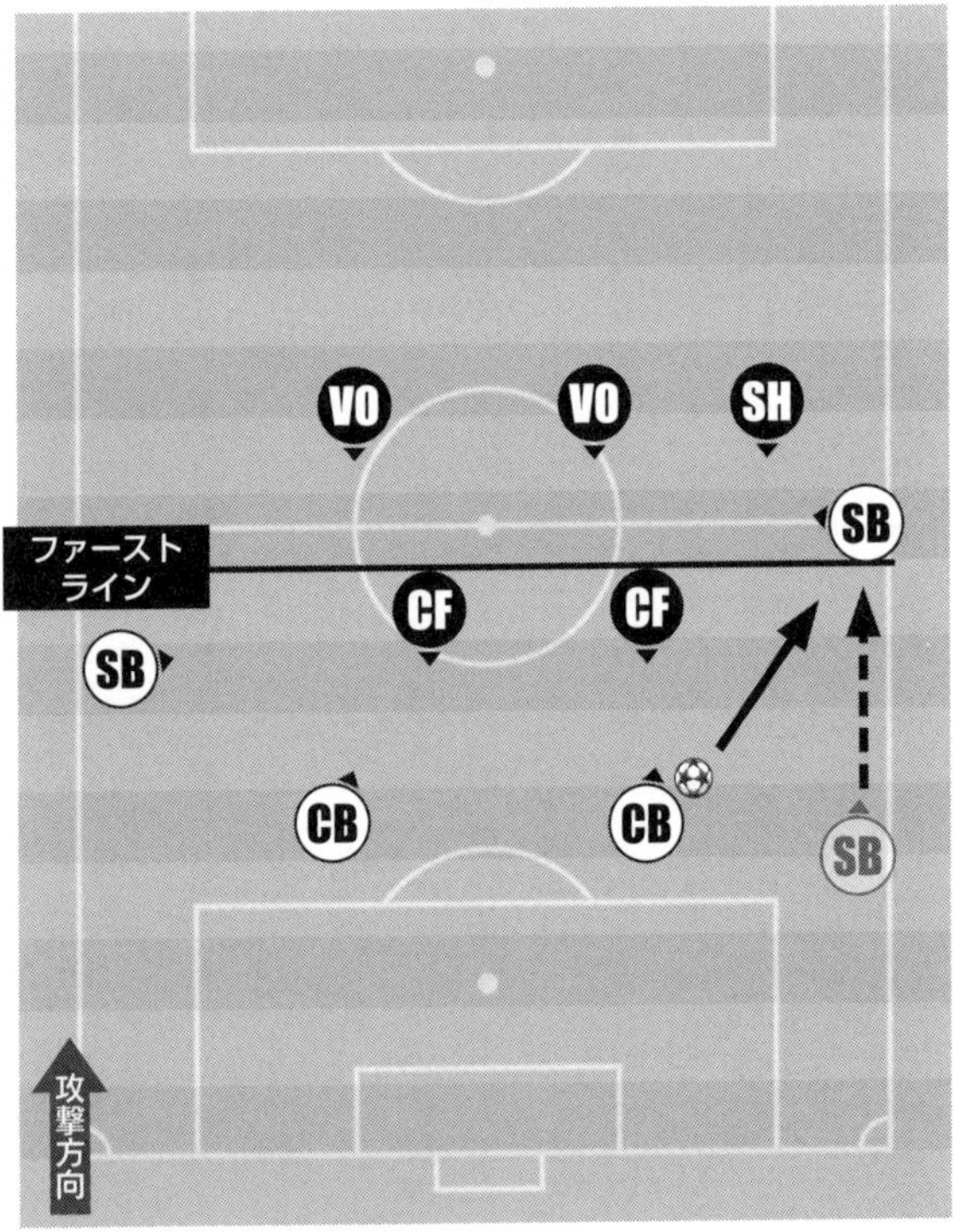

センターバックがボールを持っているときに相手フォワードがプレッシャーをかけてこないのであれば、サイドバックは相手のファーストライン（フォワードのライン）を越えるポジションを取ろう。この位置まで上がったとしても、センターバックからのパスは受けることができ、攻撃の仕掛けにもつながる

正答例 パターン②

ボールホルダーのセンターバックにプレッシャーがかかっていれば深みを取ってサポートポジションに

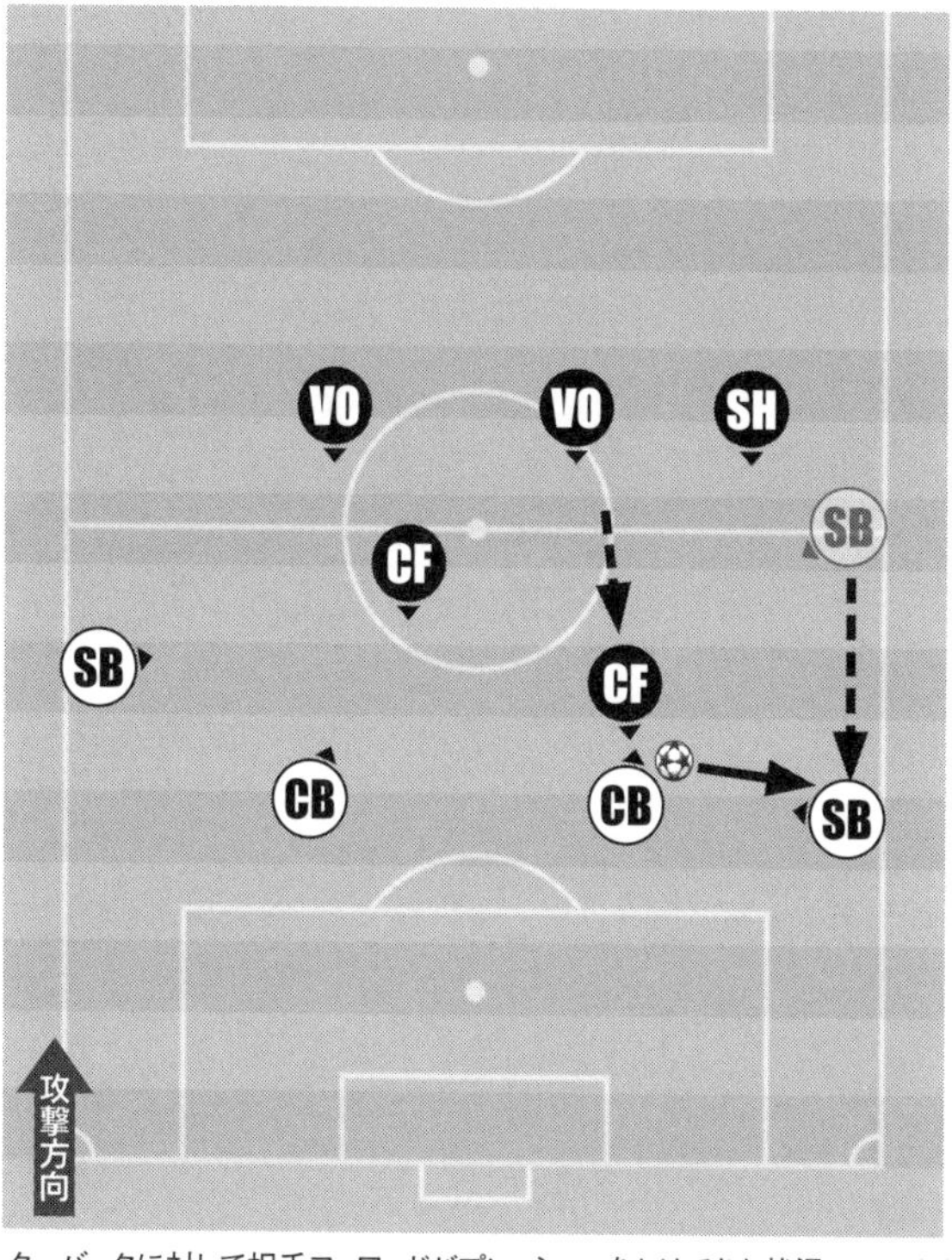

センターバックに対して相手フォワードがプレッシャーをかけてきた状況。このときのサイドバックの立ち位置としては、センターバックのサポートポジションに入る。ボールラインまで下がり相手のプレッシャーを回避できる位置に着くようにする

OTHERS ANSWER

正答例　パターン③

ウイングの前にスペースを空けるために
内側に入ってポジションを取る

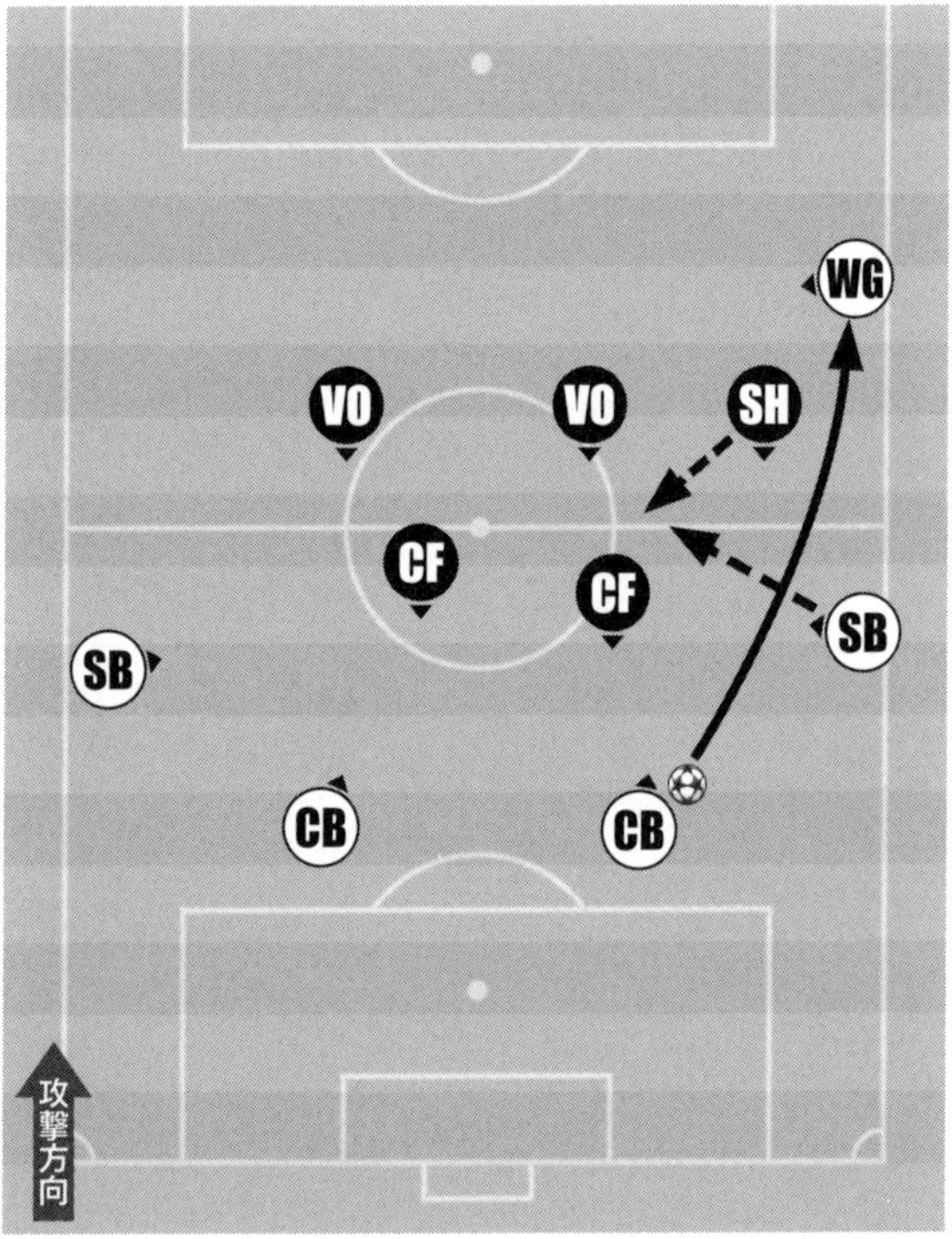

ボールをつないでいるとき、同サイドのウイングの前にスペースを作りたい。ウイングにボールが渡れば相手陣内に攻め込めるチャンスが生まれる。このときのサイドバックは、内側に動いて相手を引きつける。ハーフスペースに入ることで、ボールが渡ったウイングへのサポートポジションに着くことにもつながる

正答例　パターン④

「相手の最終ライン深くまで上がり相手サイドバックをピン留めする」

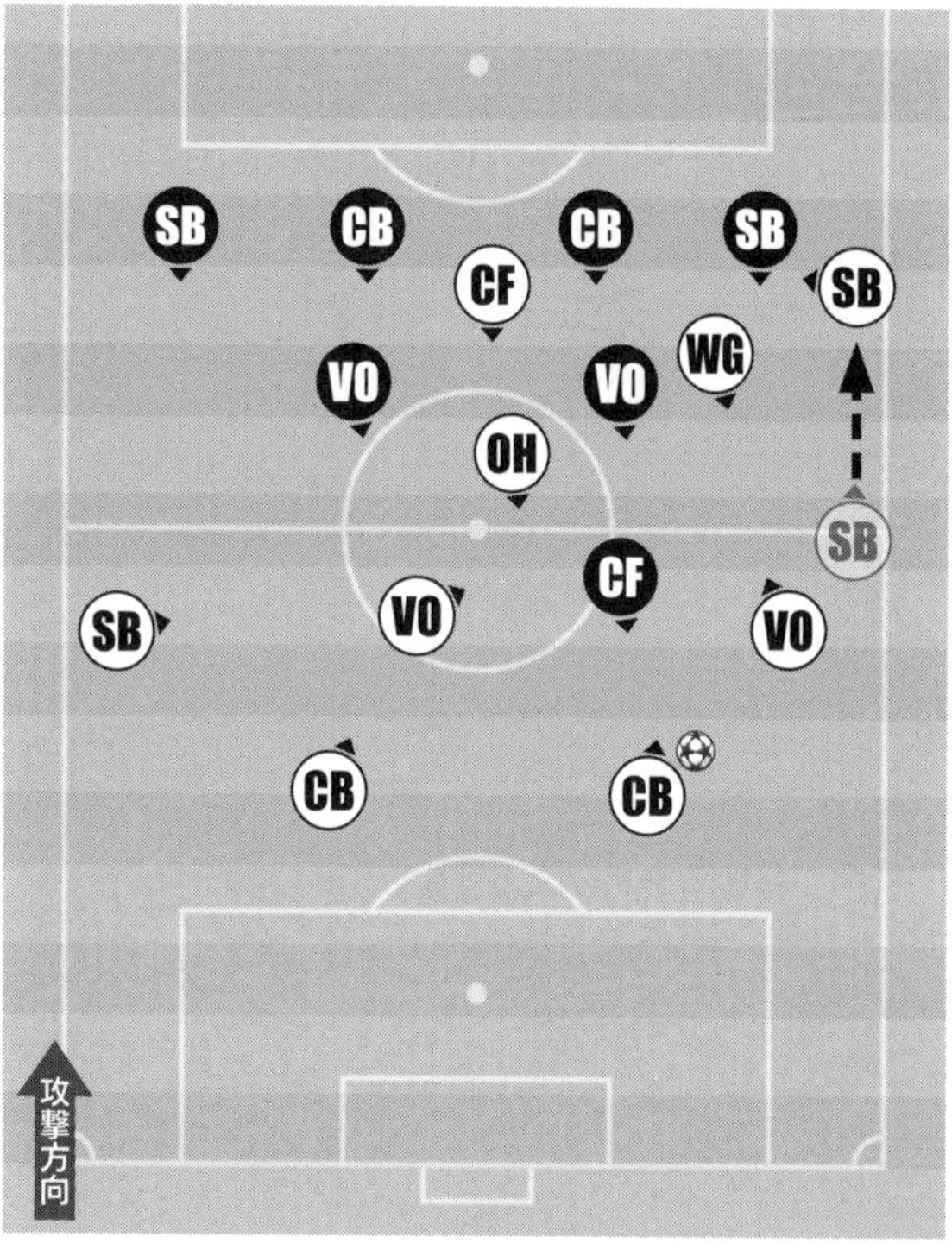

相手のディフェンスラインを下げつつ守備陣を広げておきたい。ここで有効なのが、サイドバックがトップの位置まで上がってタッチライン際にポジションを取ること。相手のサイドバックをピン留めすることで、中央のスペース作りに役立つ。もちろん相手がケアしてこなければ高い位置でボールを受けることもできる

QUESTION

問題

15

ボランチの組み立て時の
立ち位置はセオリーがあります。
そんなボランチのポジショニングの
基準をお答えください

エリア	▶ 自陣から相手陣内
攻守	▶ 攻撃の組み立て
立ち位置	▶ ボールを受けた状態

流動的に動いたほうがいいの?

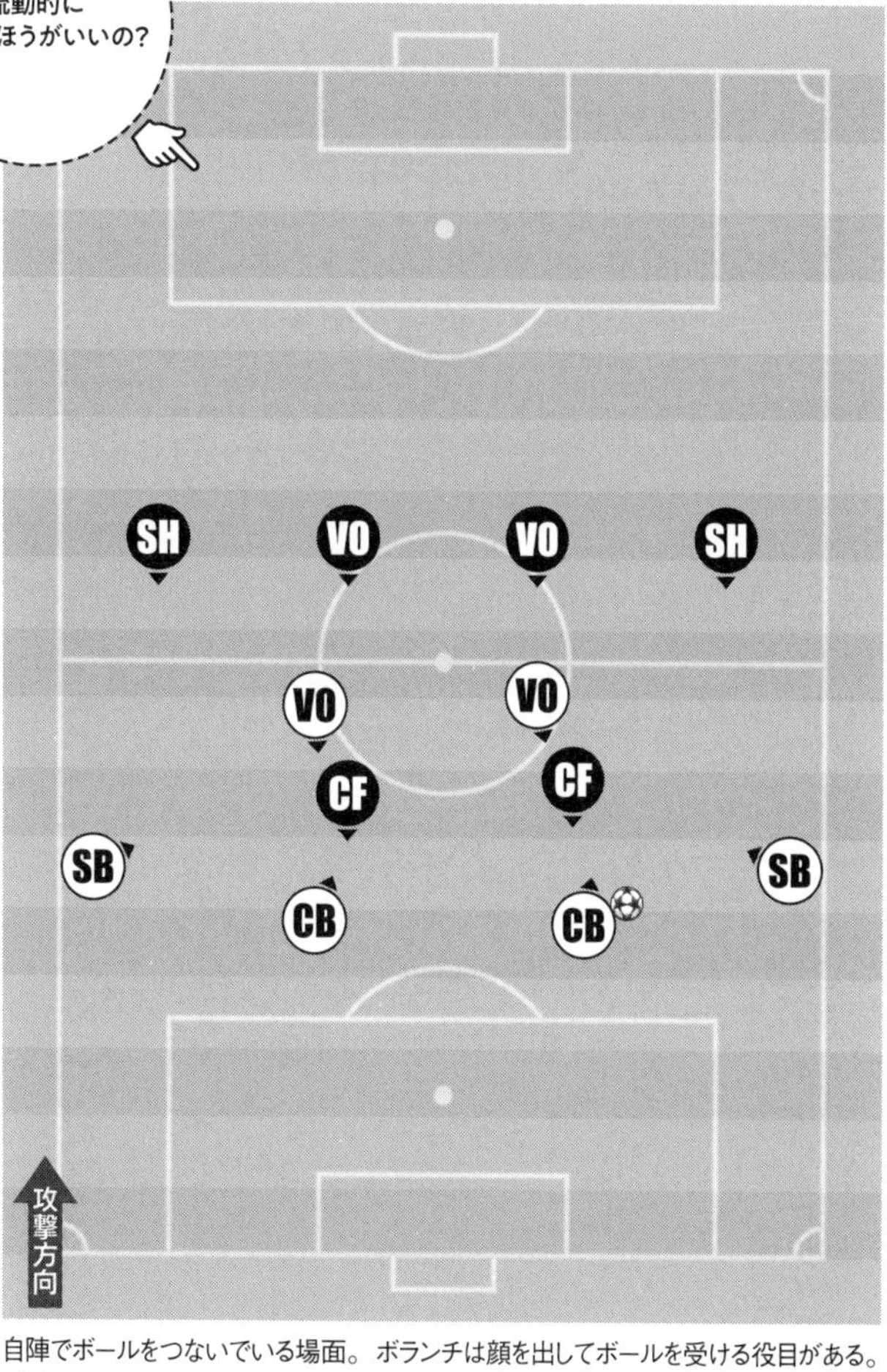

自陣でボールをつないでいる場面。ボランチは顔を出してボールを受ける役目がある。味方のボールホルダーに近寄ったり受ける姿勢を強く見せているが本当にそれで大丈夫なのだろうか

ANSWER

正答例

相手のファーストラインと中盤のラインの間が基本の立ち位置

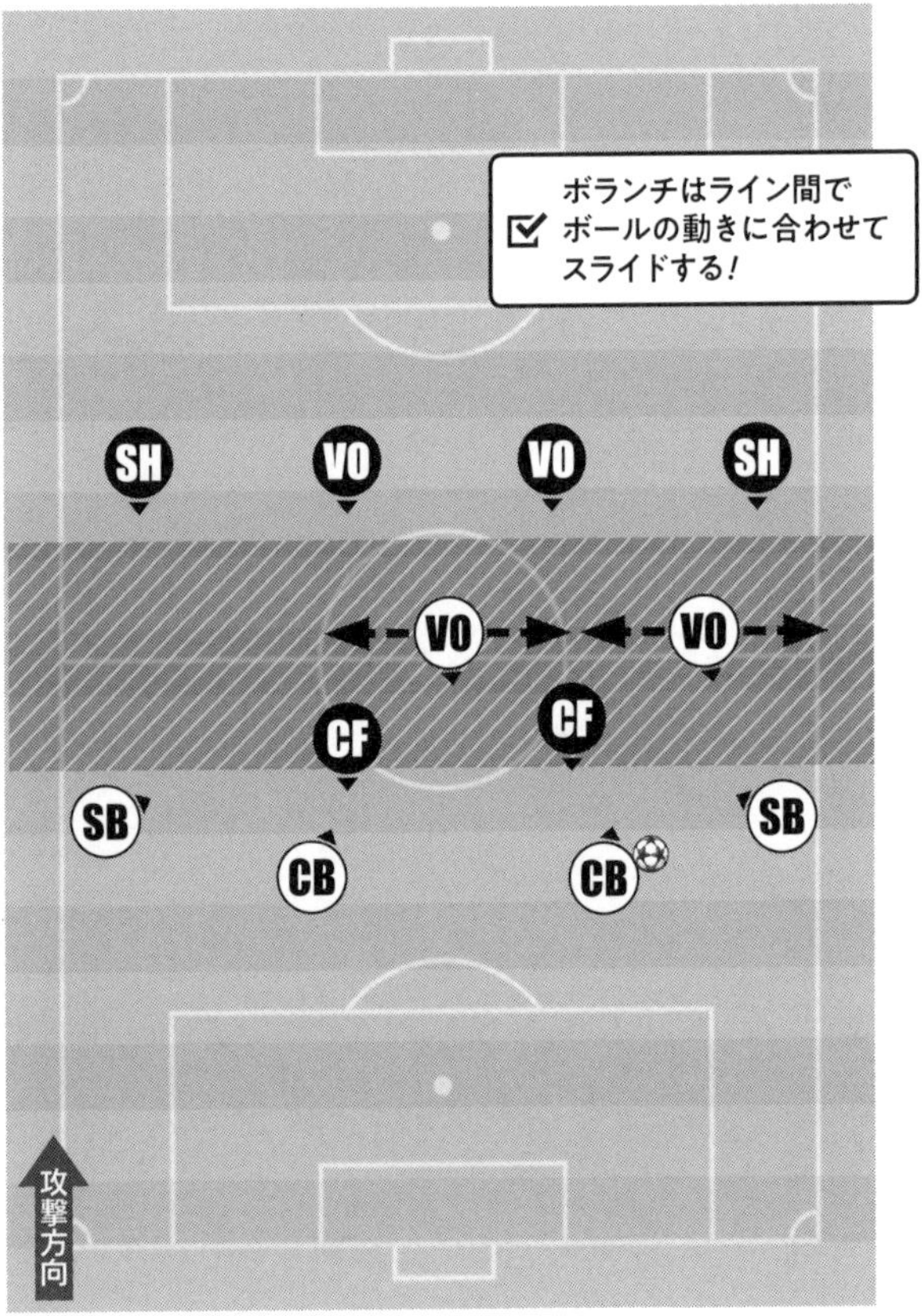

ボールの動きに合わせてライン間をスライドする

ビルドアップ時のボランチの立ち位置の考え方として、まずは相手フォワードに良い状態で守備をさせないこと、そして、味方のセンターバックやサイドバックを助けることを意識しながらポジションを取ります。

チームが採用する戦術によって、その立ち位置は変化させていきますが、基本としては相手フォワードのライン（ファーストライン）と中盤のライン（セカンドライン）の間にポジションを取ります。センターバック同士でボールをつないだとして、ボールが左右に動くのと同じく、ライン間をスライドしながらパスコースを作っていきます。

他にも、最終ラインまで下りてきたりしますが、これらボランチの動きや考えが、そのままチームの戦術になると言っても間違いではありません。組み立て時の司令塔として、ボランチの役割は大きいものです。

また、組み立て時は、前線への仕掛け、ボールを送ることを常に意識しなければなりません。そのためにも、まずは相手のファーストラインを突破するためにどうしていくのかをチームで共有しましょう。

OTHERS ANSWER

正答例　パターン①

「味方とのダイヤモンドを意識したポジションを取る」

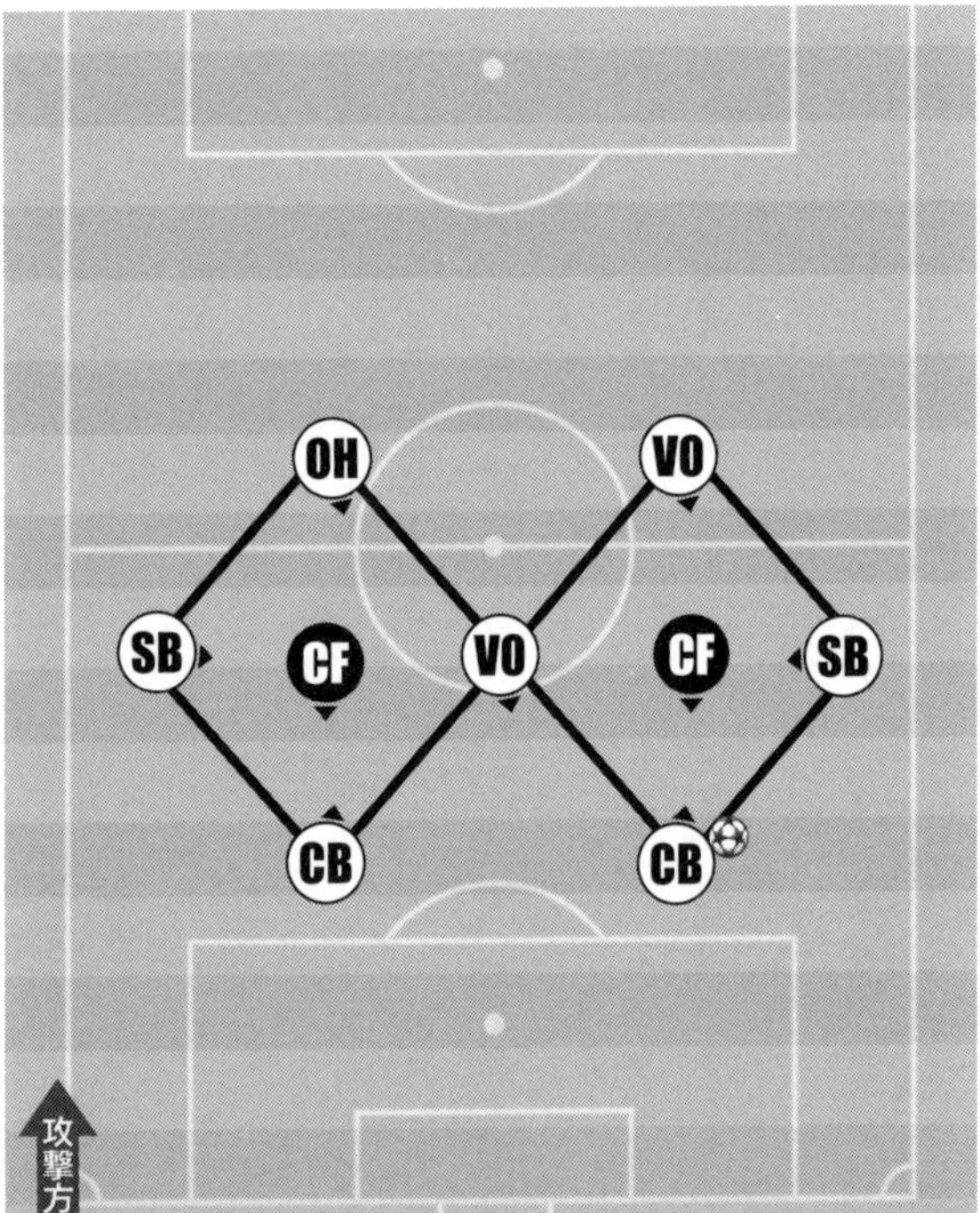

ボールをつないでいるとき、パスが通りやすくするための立ち位置として頭に入れておきたいのが、味方とダイヤモンドを形成したポジショニングだ。ボールホルダーに対して正面に立つとパスコースが作りづらいため、斜めの位置にポジションを取る。ボールの動きに合わせて立ち位置を調整していくことが重要だ

正答例　パターン②

「相手2トップの間のポジションに動く」

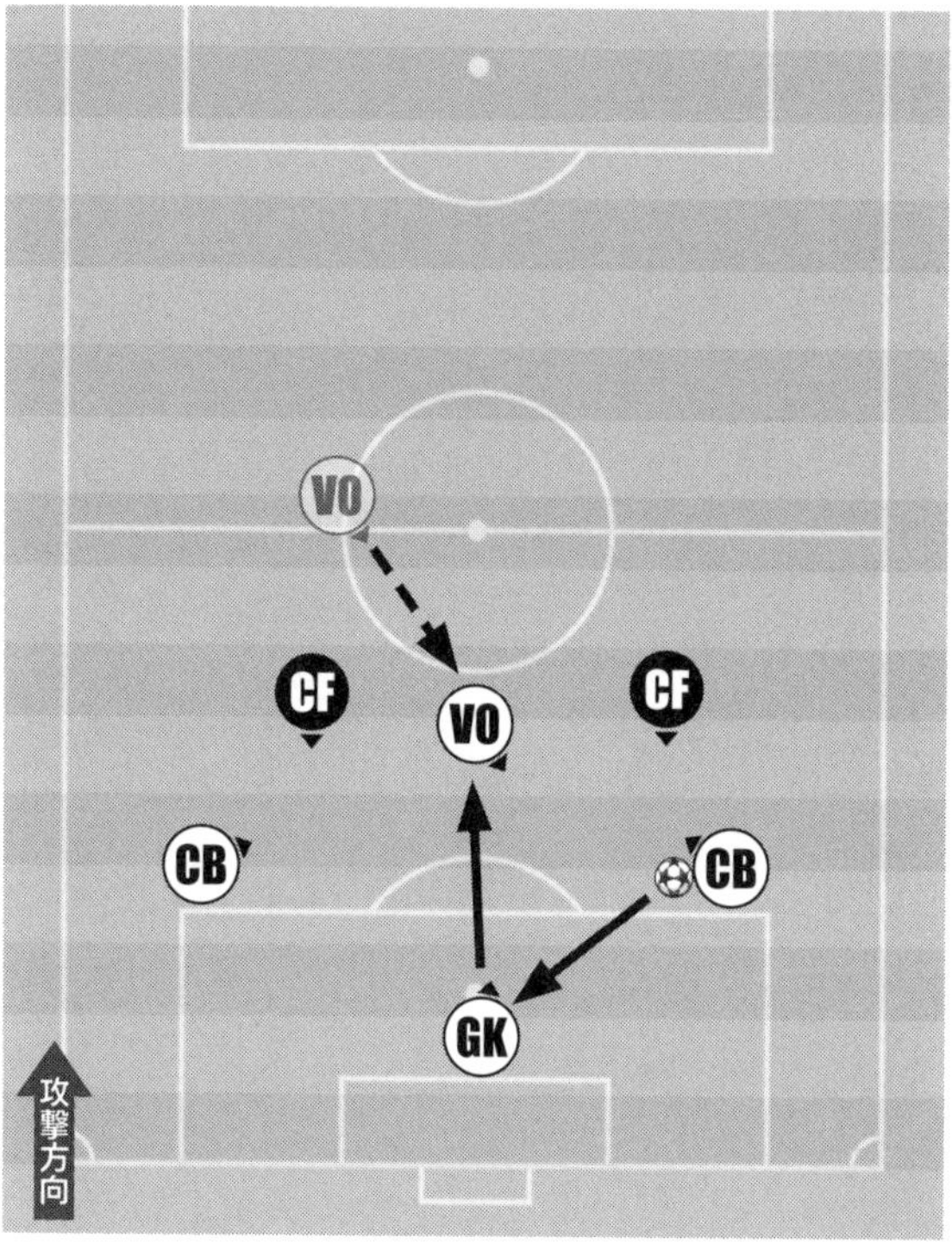

センターバックが幅を取ってポジションを取っているなら、相手フォワードはそこをケアしながら動いていることが多い。そのために、相手の目線をズラすためにも、相手2トップの間の位置にポジションを取って牽制しておくのも手だ。ゴールキーパーからのパスコースも考え、タイミング良く入れば、縦パスも通すことができる

OTHERS ANSWER

正答例　パターン③

センターバックの間のポジションに動く

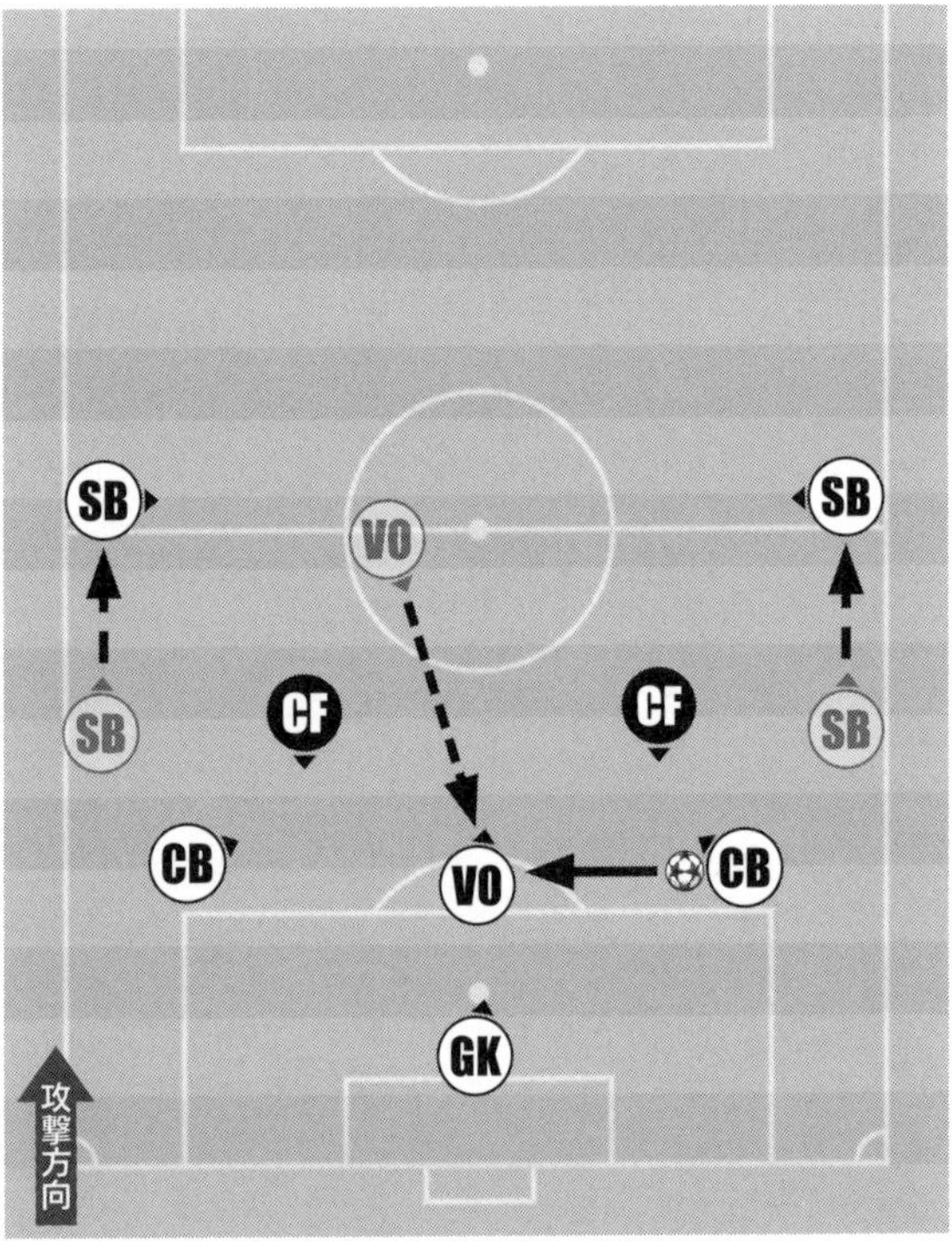

ゲームメイクができるボランチが最終ラインの中央に入って組み立てをコントロールする。ゴールキーパーの足下が不安なときや、相手の目線をズラすときに有効な手段だ。ボランチが下りたら、センターバックは広がり、サイドバックは立ち位置を上げる。こうしてボールのつなぎに変化を与えることで、スムーズさが出る場合もある

正答例　パターン④

「センターバックの斜め前のポジションに動く」

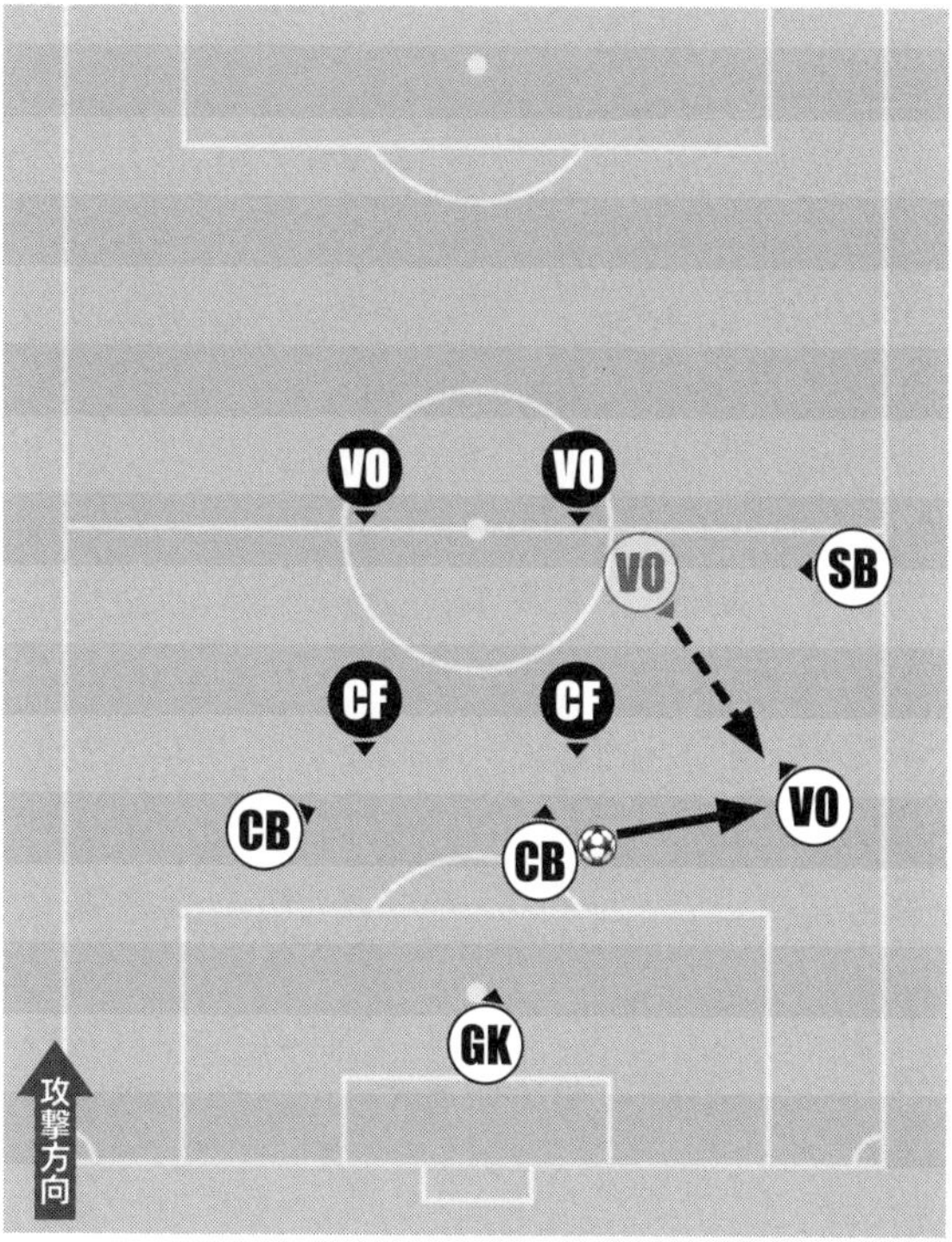

相手フォワードと中盤が、中央をしっかり固めている。ペナルティエリアの中央が窮屈でそこに立っても消えると判断したら、展開力のあるボランチが斜めに下がってフリーになり、そこの位置から組み立てをしていく。同サイドのサイドバックとポジションがかぶらないよう、サイドバックは前に動いてボランチにスペースを作ろう

QUESTION

問題
16

攻撃の組み立てから仕掛けに移る際、狙うべきポイントはどこにすれば良いでしょうか?

エリア	▶ 自陣から相手陣内
攻守	▶ 攻撃の組み立てから崩し
立ち位置	▶ ボールを受けた状態

**どんな攻め方、
仕掛け方を狙う?**

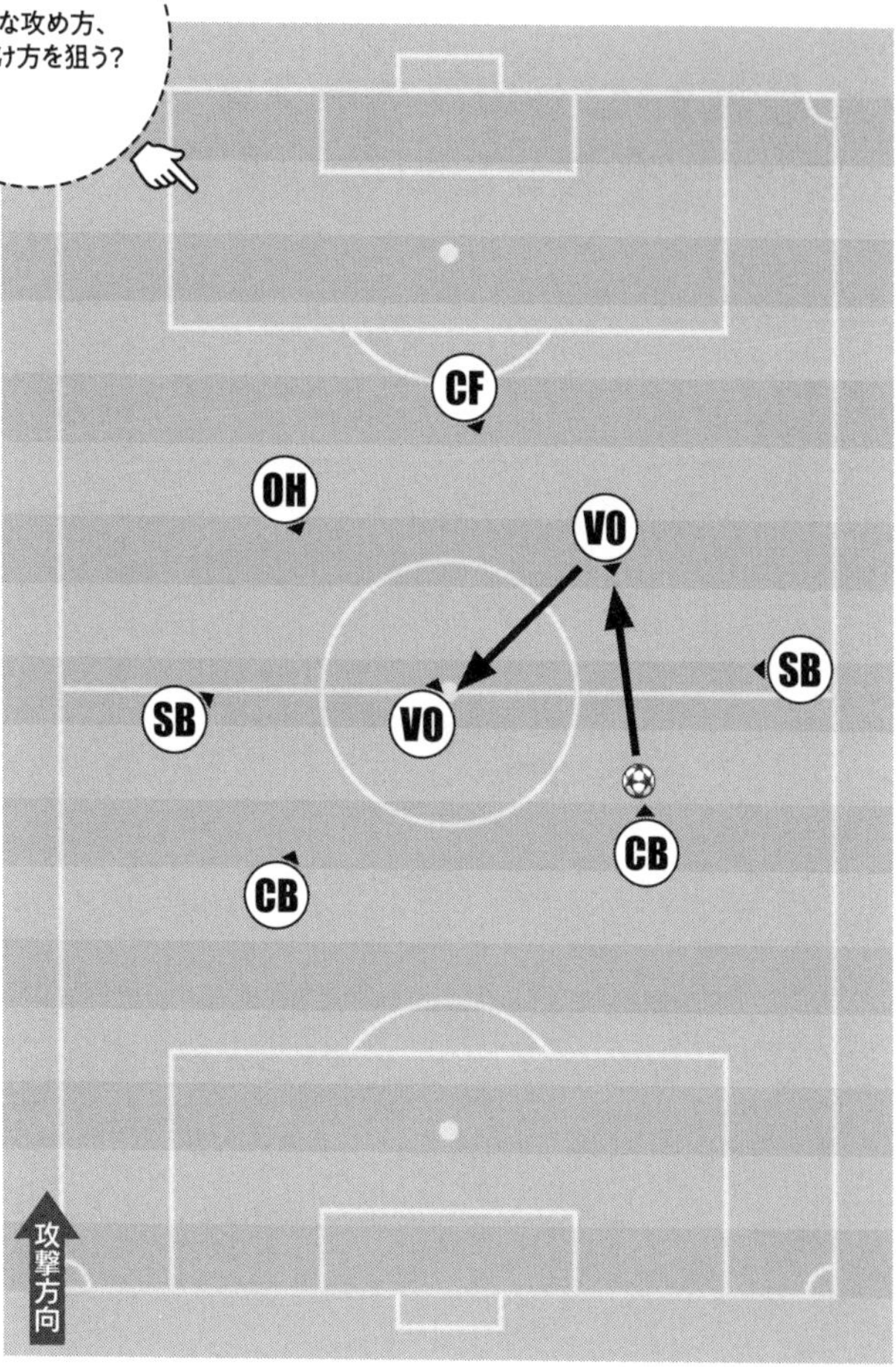

ボールをつないでゲームを組み立てながら、相手陣内に侵入してアタッキングサードに入っていく状況。チームとして狙うべきポイントはどこになるのだろうか

ANSWER

正答例

「最終的にどのスペースで誰にボールを渡したいのかを考える」

ハーフスペースからハーフスペースへのパスをすることで、相手ディフェンダーの背中を取りつつ進入スペースが生み出される！
キープレーヤー
CF
OH
WG
VO
SB
VO
SB
CB
CB
最重要人物にどのタイミングでボールを渡せばチャンスが生まれるかを考えよう
攻撃方向

司令塔はパレホだが最重要人物はジェラール・モレノ

チームには最重要人物がいます。つまり中心選手で、その選手にボールを渡すことでたくさんのチャンスが生まれることにつながります。

スペインのビジャレアルは、２０２０－２０２１シーズンに司令塔のパレホがチームに加わり、彼のパスからチャンスを生んでいました。となると、パレホが最重要人物になると思われがちですが、それは違います。このチームの最重要人物は、ジェラール・モレノです。彼が良い形でボールを持つことで、得点チャンスが生まれているのです。

パレホの仕事は、ジェラール・モレノに良いタイミングでパスを渡すことです。そのために、本人だけでなくチームとして考えボールを動かしていく。結果的に、パレホの得意パターンである斜めのパスが、良いタイミングでジェラール・モレノや前線の選手に入って崩しに向かえているのです。

チームとしては、最終的にどのエリアで誰にボールを渡したいのかを考えます。ビジャレアルではジェラール・モレノなので、彼の得意な右サイドのハーフスペースで前向きで受けられるように演出をする。ゴールゲッターに多くのチャンスを作れるかがカギになります。

QUESTION

問題 17

相手ディフェンスと中盤のライン間でボールを受けました。このエリアに入ったときの狙うべきポイントはどこでしょうか？

エリア	▶ 相手陣内
攻守	▶ 攻撃の崩し
立ち位置	▶ ボールを受けた状態

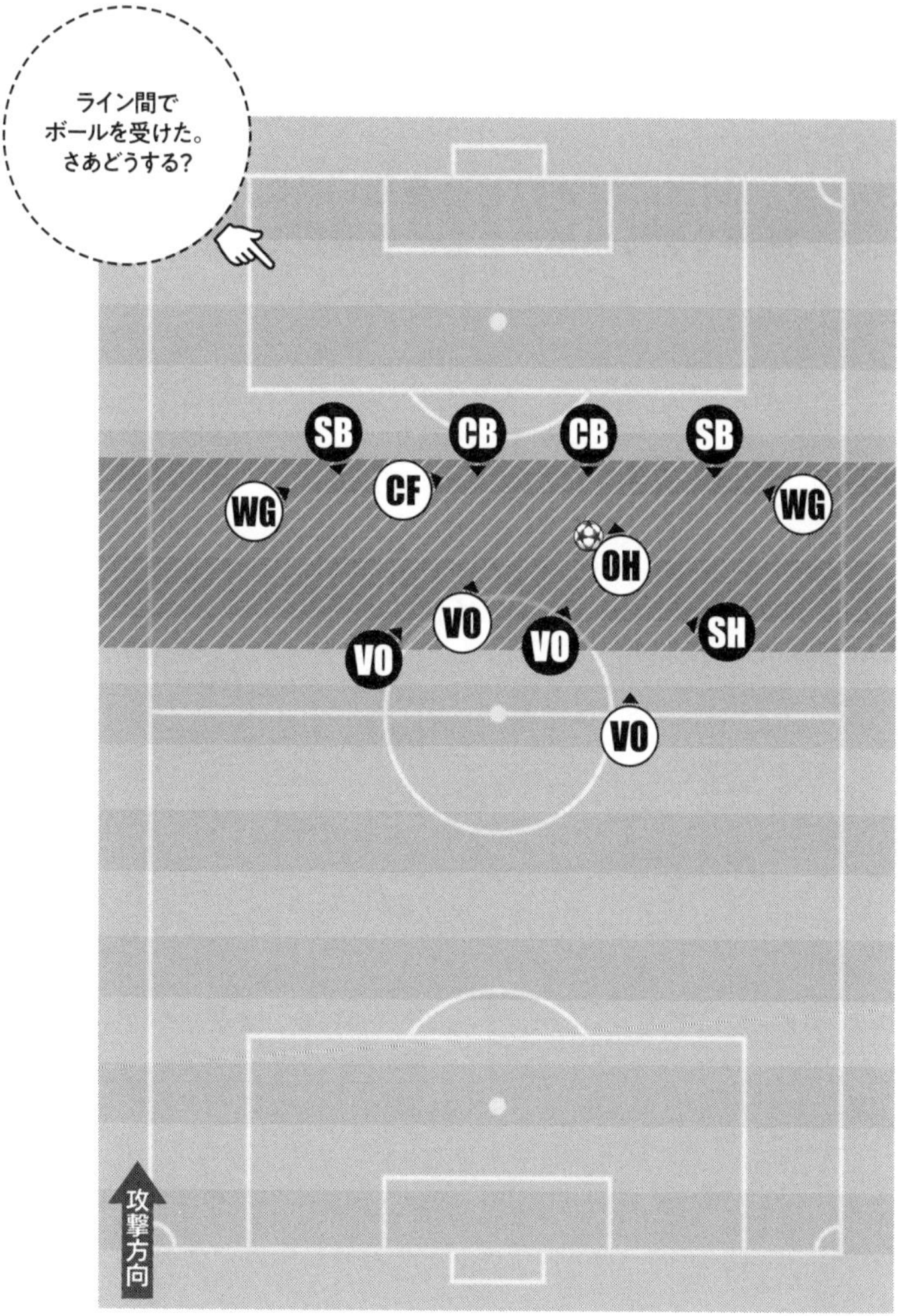

相手陣内、相手ディフェンスラインと中盤のライン間で前向きでボールを受けた。
この後はどんなプレーを狙うのが理想的になるのだろうか

A N S W E R

正答例

絶対に相手の背後を狙いたい
得点を奪うためのプレーを選択しよう

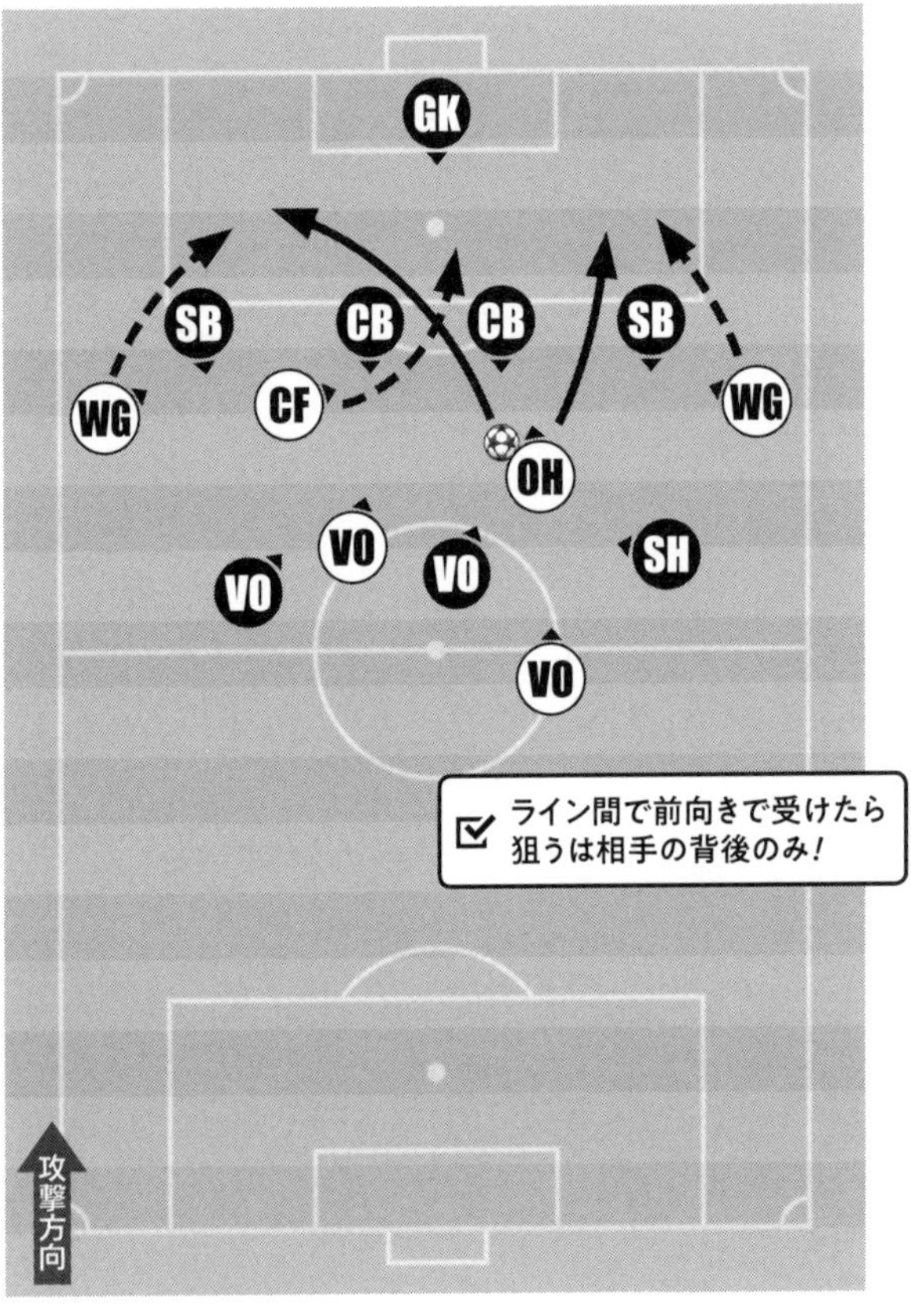

ライン間に入ったら細かいことは考えない

ライン間とは、ディフェンスラインと中盤のライン、フォワードのラインの間のエリアです。このライン間に選手は侵入し、ここにボールを差し込むことが重要です。得点チャンスは、ライン間に良いタイミングでボールが入ったときに生まれると言っても過言ではありません。

攻撃の大前提として、このライン間で誰かがボールを受けたら、攻撃のスイッチが入ると思ってください。攻撃を加速させていきますが、第一に狙うのは相手ディフェンスラインの裏のスペースです。相手の背後を狙うこと。これが答えになります。

相手ディフェンスラインの裏を突いて、そこでプレーすることで何かしらの出来事が起こります。ここを突くことでの副産物もあることでしょう。そのため、せっかくライン間でボールを受けたのに、背後を狙わずに後ろに戻してゆっくり作り直すというようなプレーを選択することに意味はありません。サイドへの展開さえも、この場面では最優先ではないのです。

ライン間に入ったら細かいことは考えず、得点を奪うための「イメージ」を持ちながら積極的に攻め込む。これだけを考えましょう。

QUESTION

問題
18

メッシはライン間で前向きで
ボールを受けるシーンが
たくさんあります。
たくさん走っているようには
見えませんが、
なぜ、フリーになれるのでしょう?

エリア	▶ 相手陣内
攻守	▶ 攻撃の崩し
立ち位置	▶ ボールを受けた状態

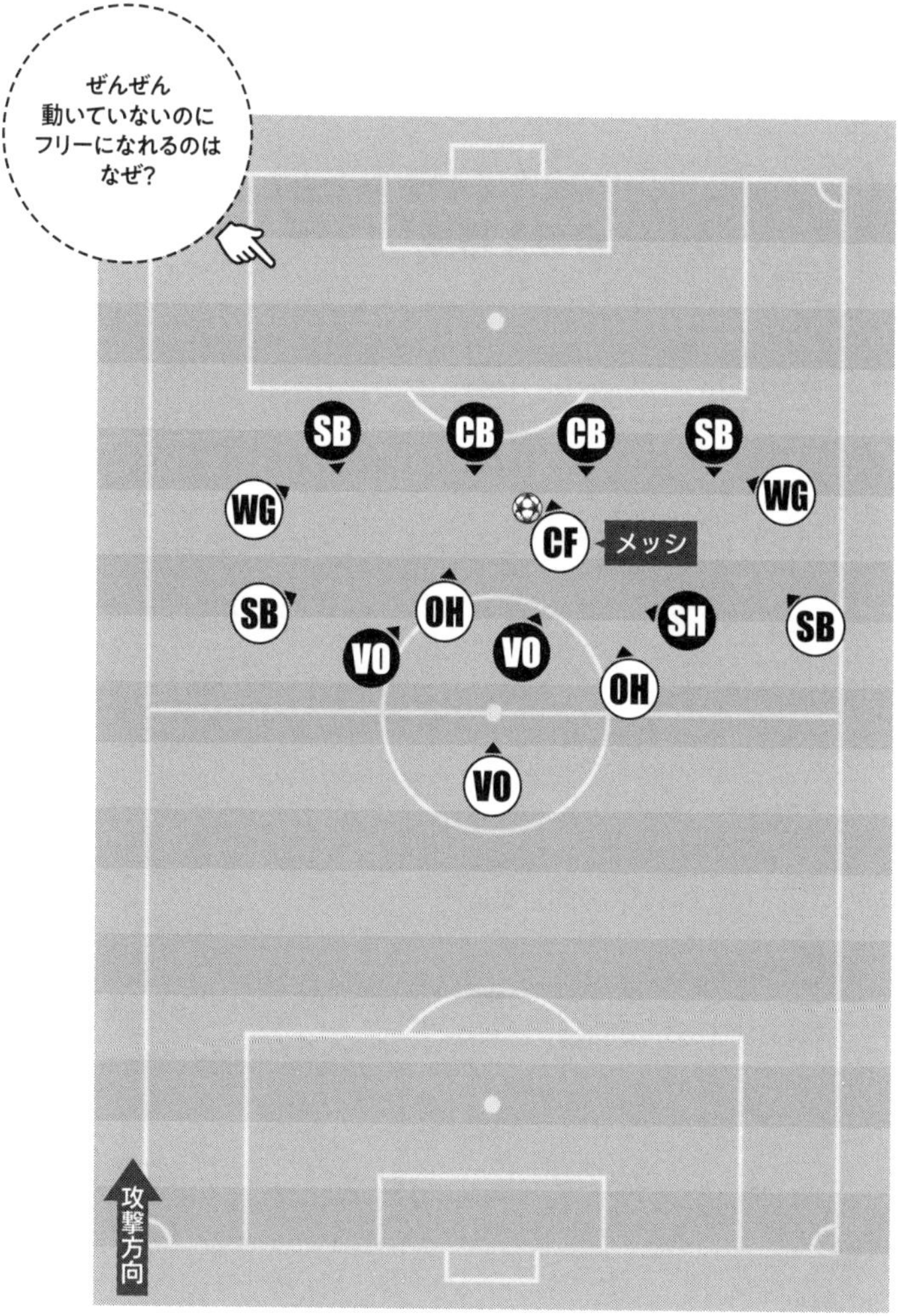

ボールを左右に散らしながらライン間にいるメッシにボールが入る。 動きの量も少ないメッシがフリーでボールを受けられるのはなぜなのだろうか

ANSWER

正答例

「メッシにスペースと時間を与えるために チーム全体で構築している」

中央にスペースを作るためにウイングをピン留めする

バルセロナの得点源はメッシです。彼にスペースと時間を与えたい。これがチームのコンセプトです。メッシがどの位置でボールを受けたときにチャンスが生まれるのか。メッシを生かすために監督は考えます。ペップ・グアルディオラがバルセロナの監督をしていたときに、メッシをより自由にプレーさせるための戦術を構築しました。それが、ゼロトップです。

4－3－3のシステムで配置したとき、メッシをセンターフォワードの位置に置きます。ただ、典型的なセンターフォワードではなく、相手ディフェンスラインと中盤のライン間を立ち位置に取るように求め、そのライン間をフラフラさせました。このポジショニングにより、ボールを渡せる機会を増やしたのです。このエリアでメッシをフリーにするためには、相手のディフェンスラインを下げなくてはいけません（ライン間のスペースを広くするため）。そのため、両サイドのウイングをタッチラインにピン留め。ウイングに相手が食いつけば、中には十分なスペースが生まれます。もし、中に絞ってブロックを作ったならば、空いたウイングから崩しにかかり、最終的にメッシに渡してゴールを決める。メッシ自身が動かなくても、自然とボールが集まるようにした画期的な戦術というわけです。

QUESTION

問題
19

ドリブラーのウイングが
キープレーヤーです。
そのウイングをより生かすために
どんな動きをしたら良いでしょうか？

エリア	▶ 相手陣内
攻守	▶ 攻撃の崩し
立ち位置	▶ ボールを受けた状態

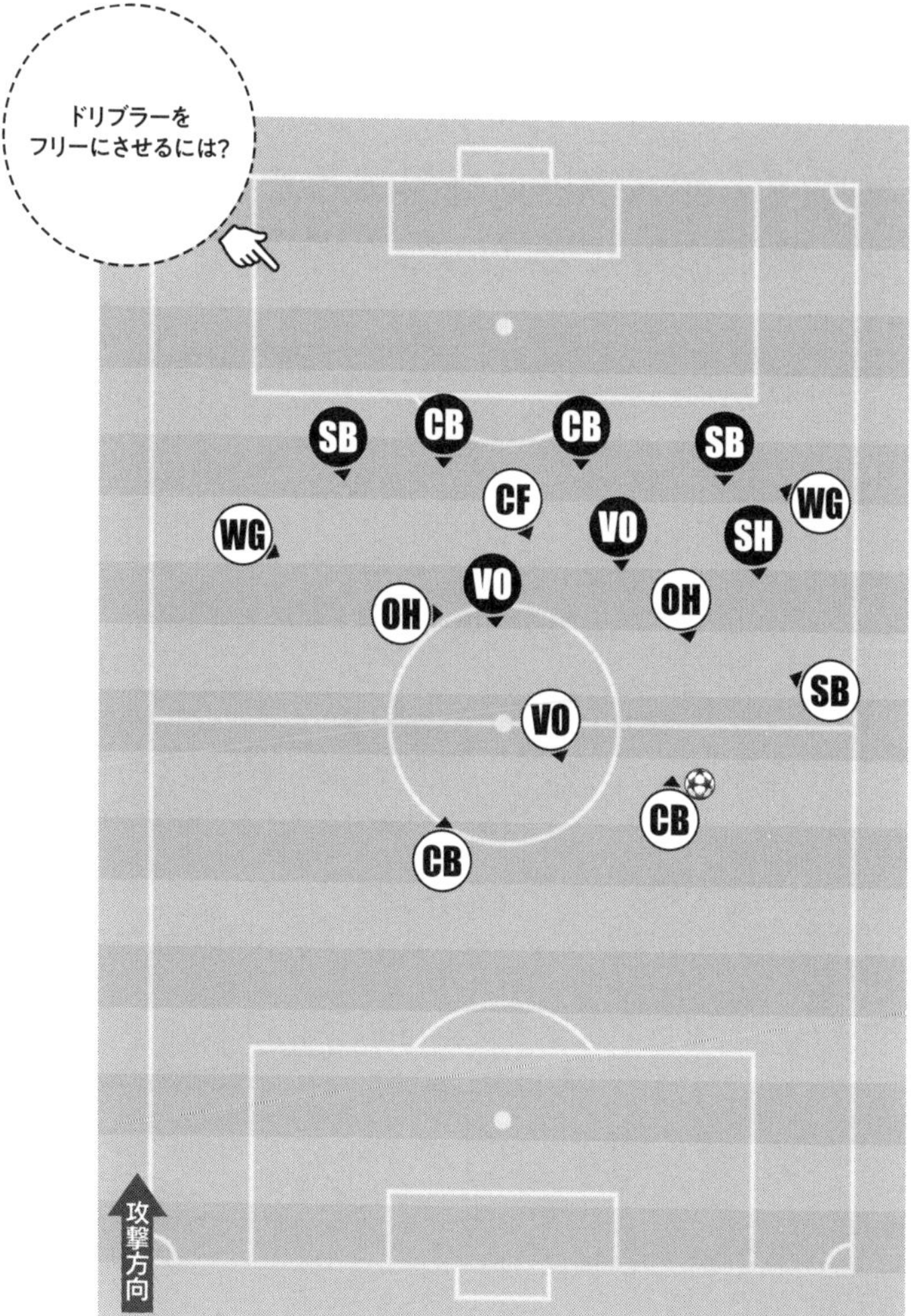

ボールをつなぎながら崩しのタイミングをはかっている状況。チームには突破力のあるドリブラーがウイングのポジションにいる。この選手を生かすためにどうプレーしたら良いのだろうか

ANSWER

正答例

「サイドにスペースを与えるために中央よりにポジションを取る」

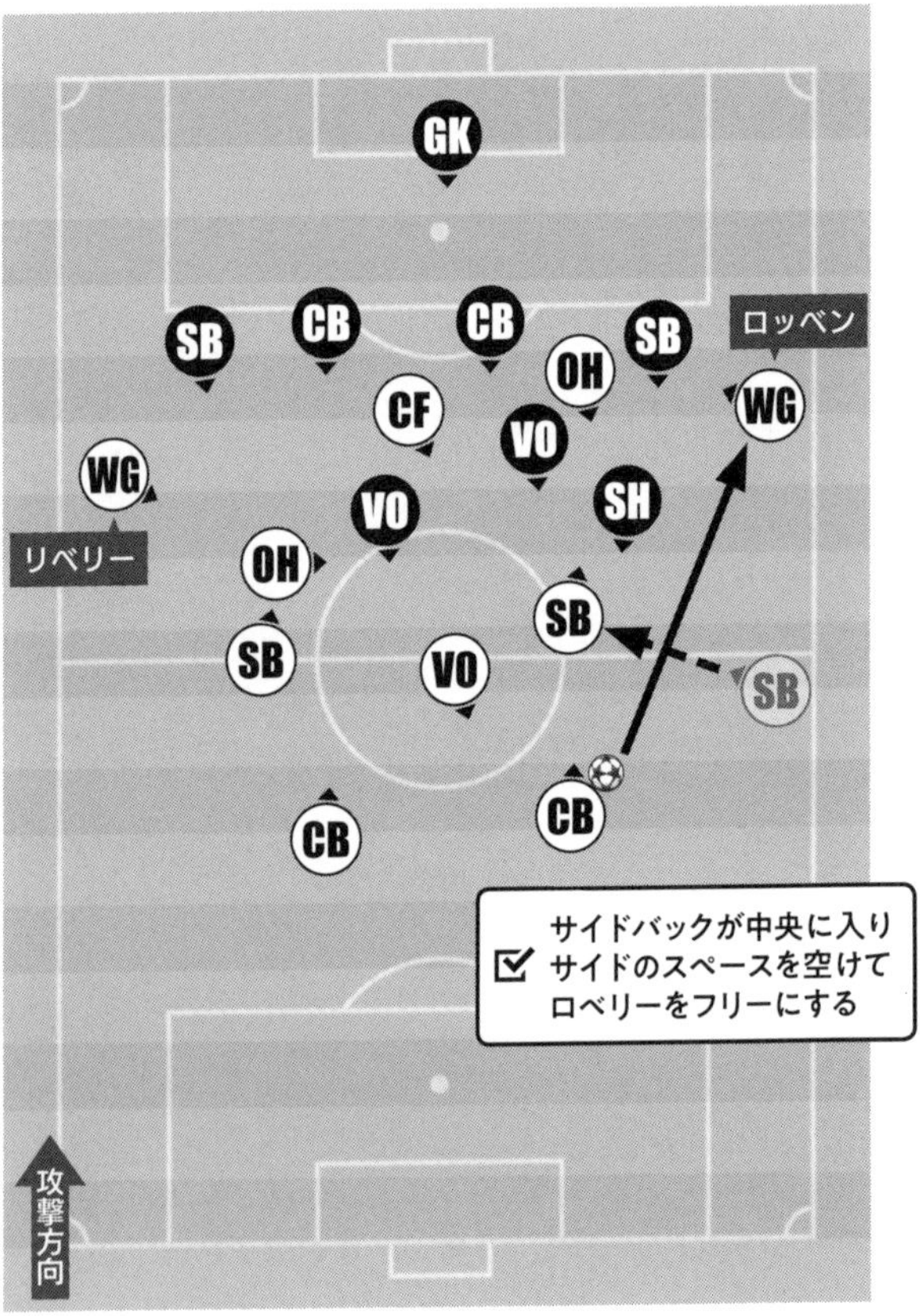

バイエルン時代のペップ采配、偽サイドバックが効果的

ペップ・グアルディオラは、バルセロナの次に監督をしたバイエルンでも、ある戦術を用いて話題を作りました。

当時のバイエルンは、ロベリー（ロッベンとリベリー）の突破力が得点チャンスを生む確率が高く、この2人のウイングにどうボールを渡すのかがキーになりました。彼らにできるだけフリーでボールを渡すために、サイドにスペースを作る。そのために、サイドには彼ら以外に選手を置かなければいい。それが、偽サイドバックの誕生です。

サイドバックが中央にポジションを取り、相手を中央に引きつけてスペースを作ります。センターバックがボールを持った際に、パスコースが生まれていれば、そこに縦パスを送ります。もちろん、その他のポジションであるセンターフォワードのレバンドフスキや中盤の選手もそのエリアには入りません。

ここまでが戦術であり、ボールがロベリーに渡ったら「後はお好きにどうぞ！」という具合です。ロッベンの得意技、カットインからのシュートも、チームメイトのサポートやスペースメイクがあってこそ。ゴールチャンスはこうして生まれるのです。

QUESTION

問題 20

ボールを回すテンポとリズムを
大事にしろと良く言われます。
テンポとリズム作りは
実際、必要だと考えますか?

エリア	▶ 自陣から相手陣内
攻守	▶ 攻撃の組み立てから崩し
立ち位置	▶ ボールを受けた状態

**ボール回しには
テンポとリズムが
ポイントなの?**

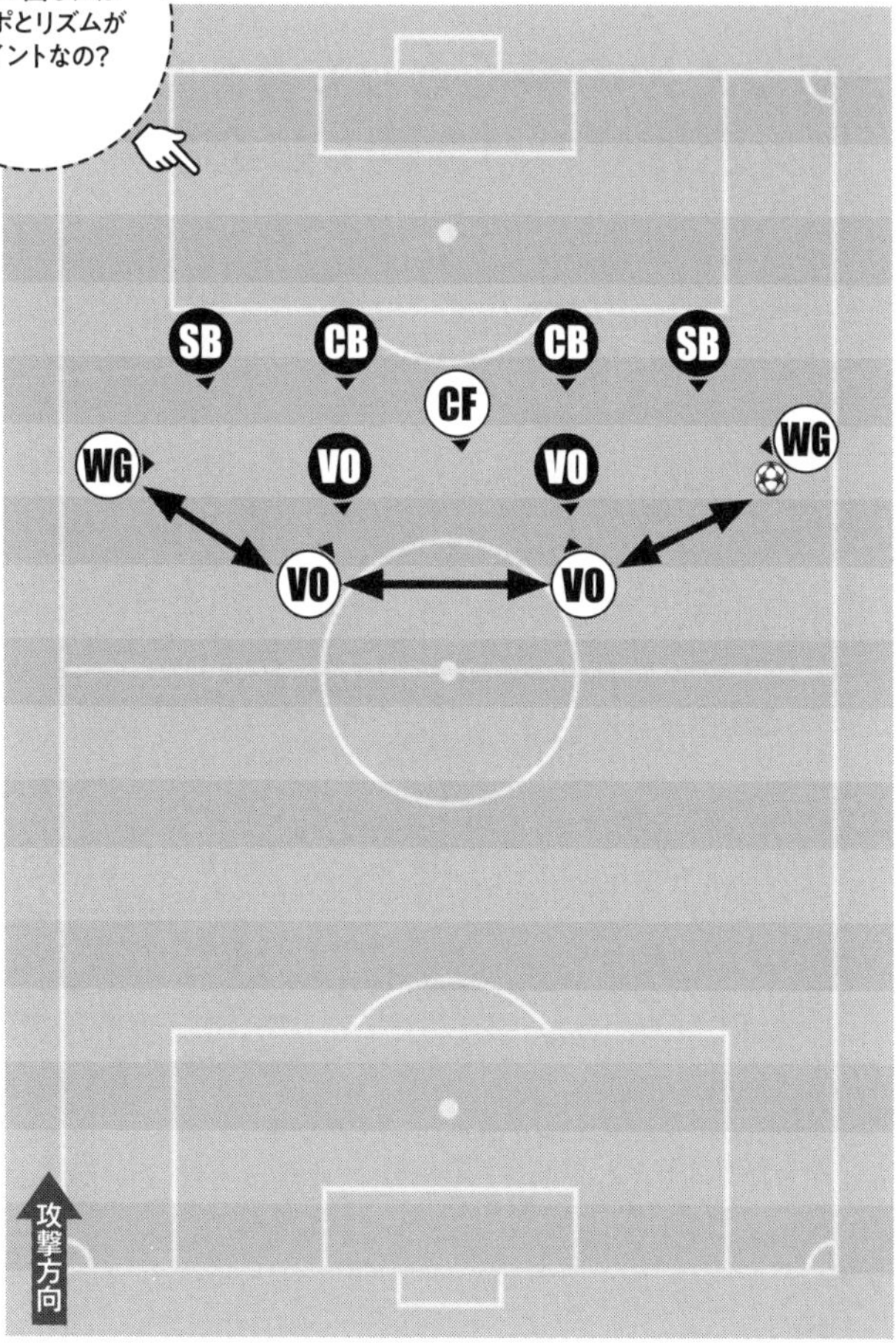

ボールをつないで攻撃の組み立てを行う際、テンポ良くボールを回せと言われることがある。テンポが良くなることでボールの回りが良くなるのか。また、リズム作りが攻撃を作るうえでのカギとなるのだろうか

ANSWER

正答例

「勝つための手段として考えたとき テンポ作りのパス回しは必要ない」

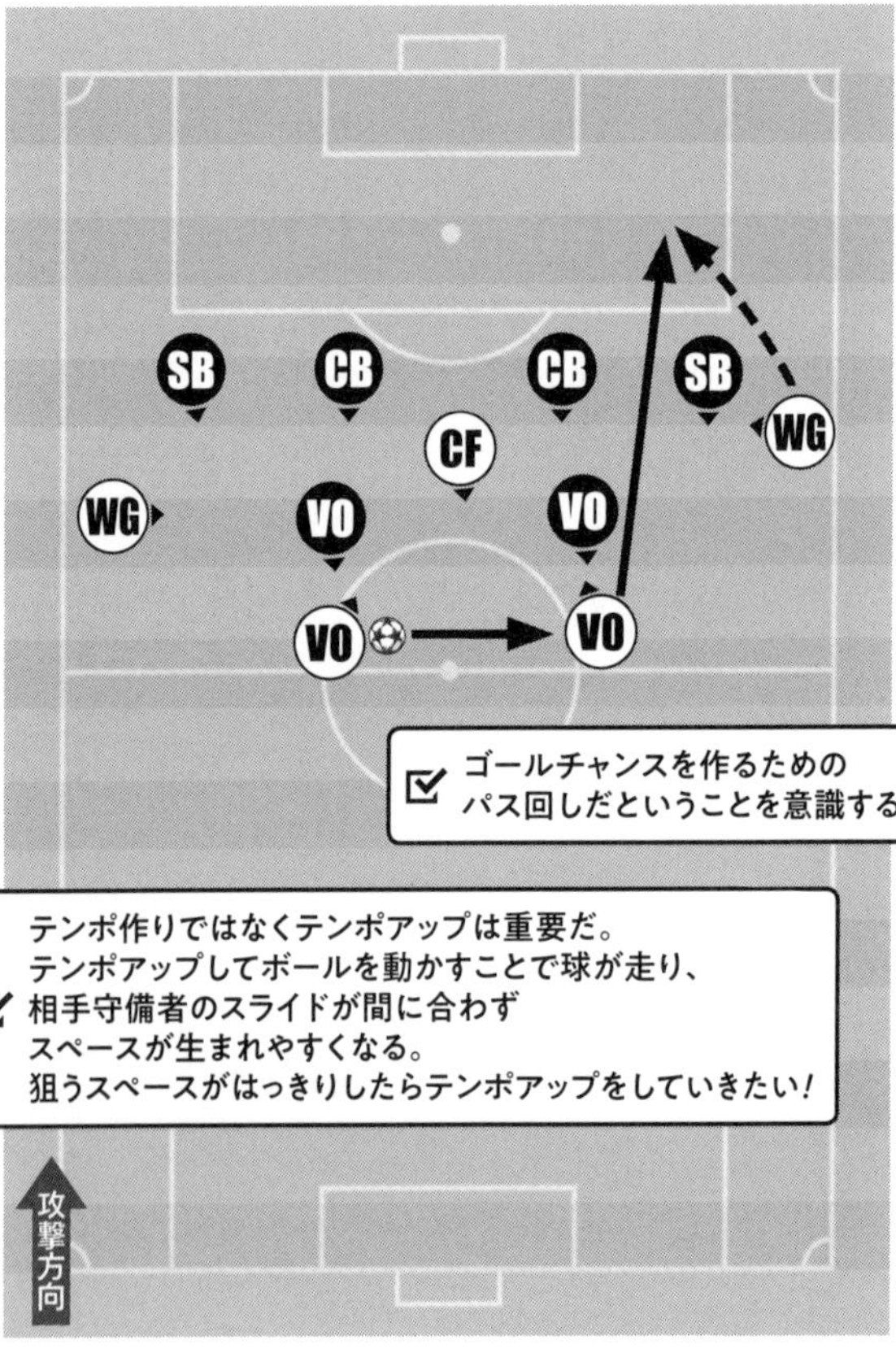

☑ ゴールチャンスを作るための
パス回しだということを意識する

☑ テンポ作りではなくテンポアップは重要だ。
テンポアップしてボールを動かすことで球が走り、
相手守備者のスライドが間に合わず
スペースが生まれやすくなる。
狙うスペースがはっきりしたらテンポアップをしていきたい！

パス回し＝組み立てと思わないでプレーする

ボールをつないでいるときに、プレーがギクシャクして上手くいかない。この状態になったとき、指導者は「テンポ良くリズム良くパスを回そう」というコーチングをします。たしかに、球離れが悪かったり、ボールさばきがスムーズにいかないときは、テンポ良くプレーするのは間違いではありません。ただ、勘違いをしてはいけないのは、テンポ良くボールを回せば試合に勝てるものではないのです。

例えば、スペインのヘタフェのようなチーム戦略を取ったとき、テンポ重視でパスを回したら、かえってリズムがつかめないことがあります。ボールの蹴り合いをして、相手のミスからチャンスを生み出すほうが、プレーリズムは作りやすい場合があるというわけです。ボールを回すというプレーは、エリアによってはひとつのパスミスが大きな代償を生むこともあります。

本書で口酸っぱく説明していますが、サッカーの目的はゴールです。ゴールを決めるために、どうボールを動かしていくのかが重要です。パス回しが目的となっているテンポ作りのつなぎというのは、本来の目的からかけ離れていることなのです。大事なのは「原理原則に則ってプレーすること」。「ゴールを決めるためにボールを回す」ということを忘れずに。

この章のまとめ＋α

この章の問題でポイントとなる要素をまとめています。

☑自陣での守備から攻撃への切り替え

❶センターバックの対応

➡セーフティにプレーする

➡体の向きでプレーを判断する

➡ゴールキーパーを使いリスク回避

❷ゴールキーパーがボールを持ったときの対応

➡リスクを考えながら次のプレーを選択

➡外に蹴り出し守備をリセットするのもOK

➡両センターバックは幅を取る

➡ボランチが組み立てに加わる

➡ターゲットマンへのロングフィードも選択肢

☑ボールのつなぎ方と攻撃のスイッチ

❶仕掛け時の狙うべきポイント

➡ゴールチャンスを作り出す選手へボールをつなぐ

➡ライン間でボールを受けたら狙いは裏

➡中央にスペースを空けるなら幅を取る

➡サイドにスペースを空けるなら偽サイドバックを活用

➡テンポ作りとチャンスメイクの関係を知る

☑ディフェンスラインからの組み立て

❶ビルドアップ

➡中心選手にボールをどう渡すかを考える
➡スタートポジションをチームで統一する
➡相手の目線をズラすためにポジションチェンジ
➡中間ポジションを意識したポジショニング
➡逆サイドへの展開を意識する

❷サイドバックのポジショニング

➡タッチラインが基本の立ち位置
➡ボールホルダーへのプレッシャー次第で上下に動く
➡内側に動いて味方をフリーにする
➡高い位置に上がり相手の最終ラインをピン留めする

❸ボランチのポジショニング

➡ライン間にポジションを取る
➡ボールの動きに合わせてライン間をスライドする
➡ダイヤモンドを意識したポジショニング
➡ディフェンスラインに入って組み立てる
➡フリーになれるポジションを見つける

☑試合の流れによる主なチーム戦術

❶キックオフから攻撃

➡ポゼッション

ショートパスを主体とし、ボールをつなぎながら組み立てていく戦術

➡キック&ラッシュ

ターゲットマンにロングフィードを送ってからセカンドボールを拾い、崩しにつなげる戦術

❷攻撃から守備の切り替え

➡ネガティブトランジション

相手にボールを奪われたらすぐに守備に切り替える

❸守備

➡前線からのプレッシング

相手陣内から相手にプレスをかけ、高い位置でボールを奪う守備戦術

➡リトリート

自陣にいったん戻って守備の陣形を整えてから相手の攻撃に備える戦術

❹守備から攻撃の切り替え（ポジティブトランジション）

➡ショートカウンター

相手陣内でボールを奪い、相手の守備陣形が整う前に手数をかけずにゴールを目指す攻撃戦術

➡ロングカウンター

自陣でボールを奪ったら、ターゲットマンにロングフィードを送って素早く攻撃する戦術

➡ポゼッション

カウンターできないときに、ボールを落ち着かせて、自陣からボールをつないで組み立てる戦術

第3章

攻撃の崩し・仕掛けの問題集

QUESTION

問題
21

「アタッキングサードに入ったら
得点を奪うための崩しの場面です。
相手の堅い守備組織を破るためには
どうしていくべきでしょうか？」

エリア	▶相手陣内（アタッキングサード）
攻守	▶攻撃の崩し
立ち位置	▶前向きの状態

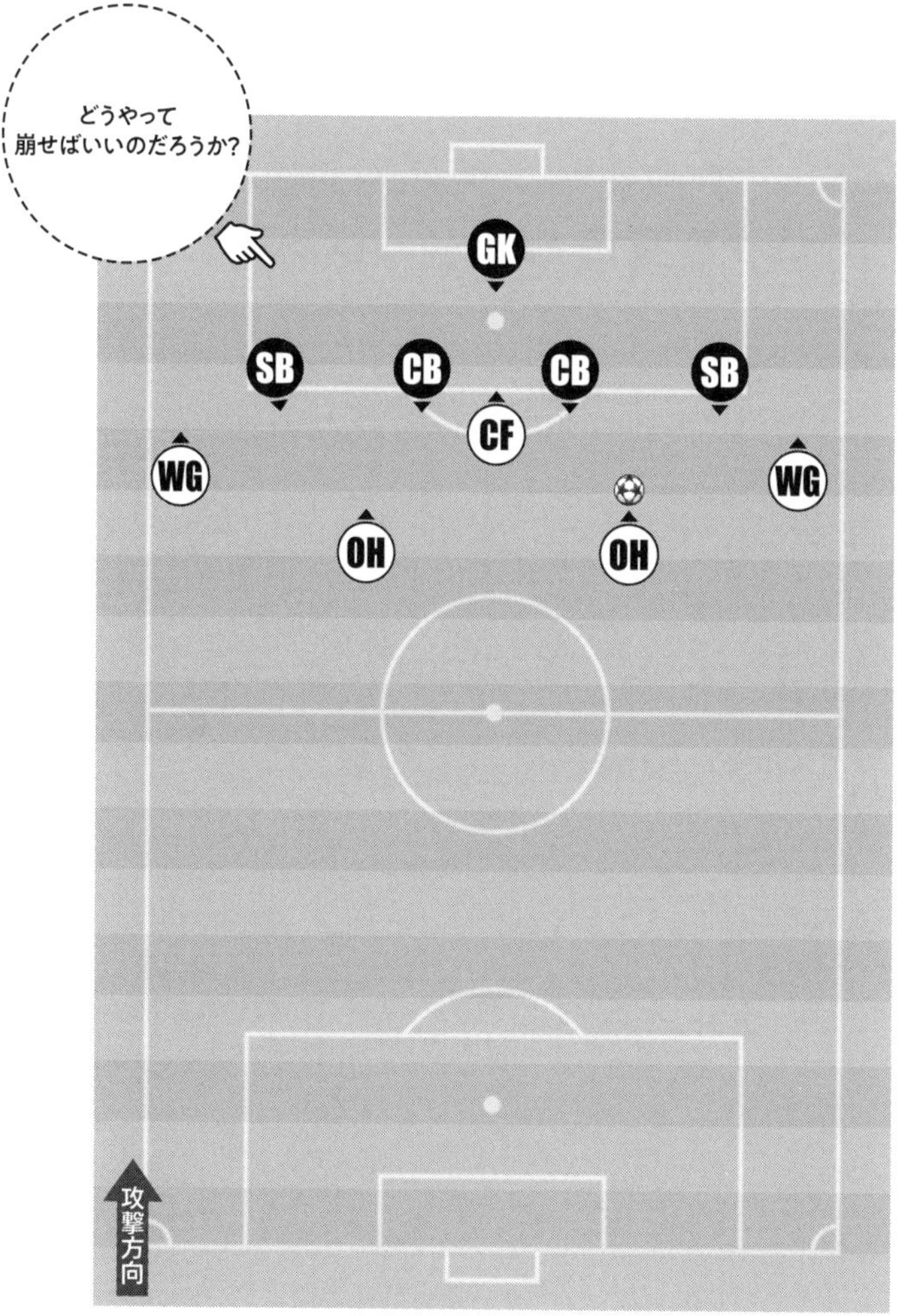

相手陣内のアタッキングサードのエリアに侵入した。ここからは得点を決めるための崩しの場面。どんな崩しをすればうまくゴールまでつなげられるだろうか

ANSWER

正答例

「アタッキングサードはリスクを背負わずチャレンジする」

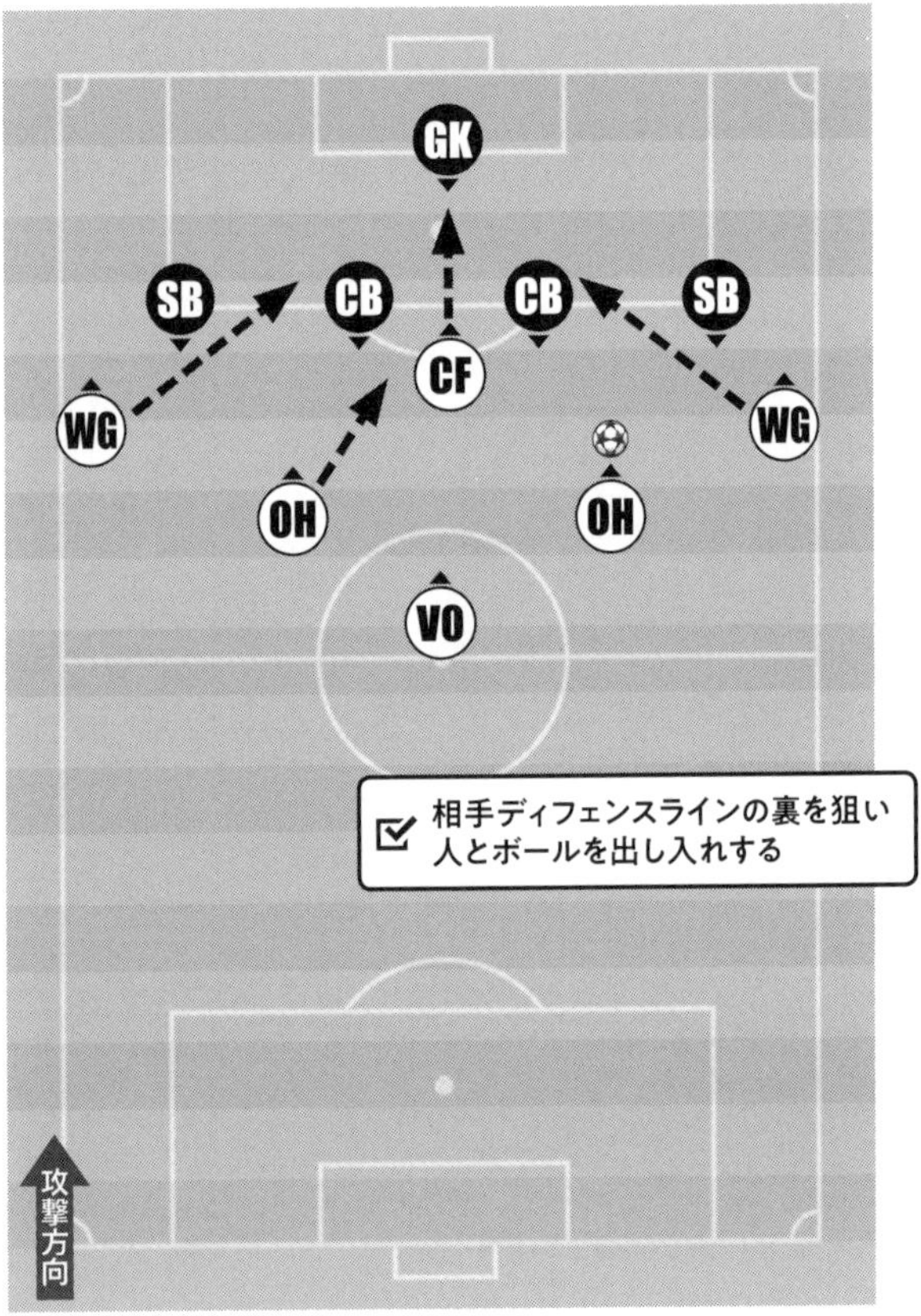

理想は時間をかけずに裏を狙い続けたい

ピッチを横に3分割したときに、相手陣内、相手ゴールから⅓のエリアをアタッキングサードと言います。攻撃をしていくうえで、アタッキングサードにボールを運ぶまでは、ボールを失うことのリスクを持ちながらボールを運んでいきますが、アタッキングサードに入ったら、リスクをおかしてでもチャレンジしても良いとエリアとなります。

誰しも、ボールを失いたくないと思ってプレーをしていますが、安全にプレーしているだけではゴールを奪うことはできません。ボールを失うリスクがあったとしても、アタッキングサードでは積極的に仕掛けていくことが重要です。

この仕掛けの方法としては、まずは相手ゴールを脅かすようなプレーを考えます。相手のディフェンスラインの裏を狙うこと。相手の守備ラインが揃う前に、時間をかけずに崩していくのが理想的です。もし時間がかかるのであれば、バイタルエリアに入ってくる、逃げる、抜け出すなどの動きを入れながら、味方とのタイミングを合わせてボールを出し入れしていくのが良いでしょう。崩しは簡単ではありません。崩しの方法は、チームトレーニングで繰り返し行い、洗練させるしかありません。おすすめするトレーニングは、156ページで紹介します。

OTHERS ANSWER

正答例　パターン①

フォワードがボールを受けたら
ターンしてシュートまで運ぶ

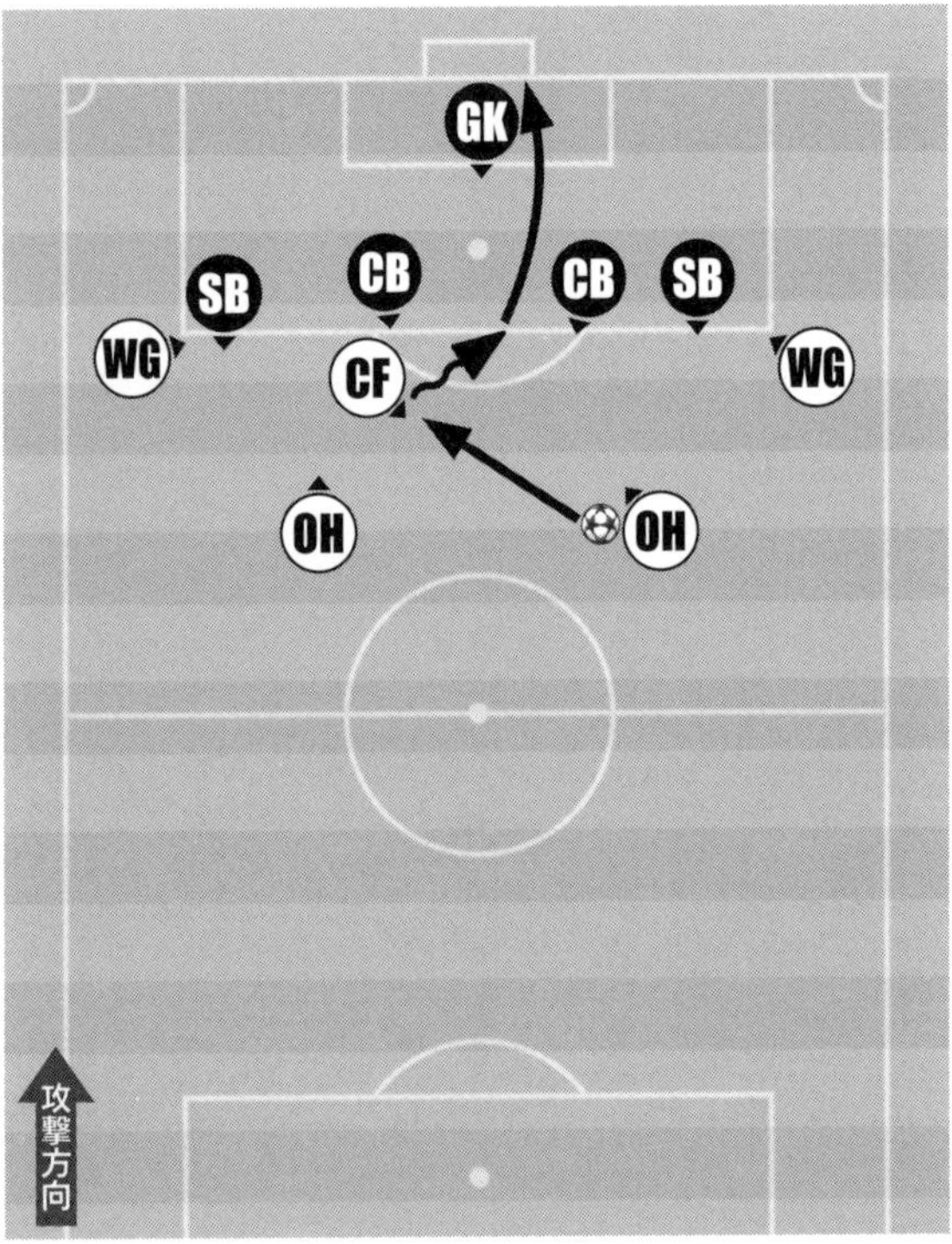

センターフォワードがもっとも大きな仕事をするエリアである。相手のマークを背負っていたとしても、タイミングと体の使い方を工夫すれば、バイタルエリアでボールを受けてターンからのシュートを狙える。体が強く大きいセンターフォワードは、ここでのフィニッシュまでのプレーをたくさんトレーニングしてもらいたい

正答例　パターン②

「ライン間で前向きでボールを受けたら フォワードは裏を狙う」

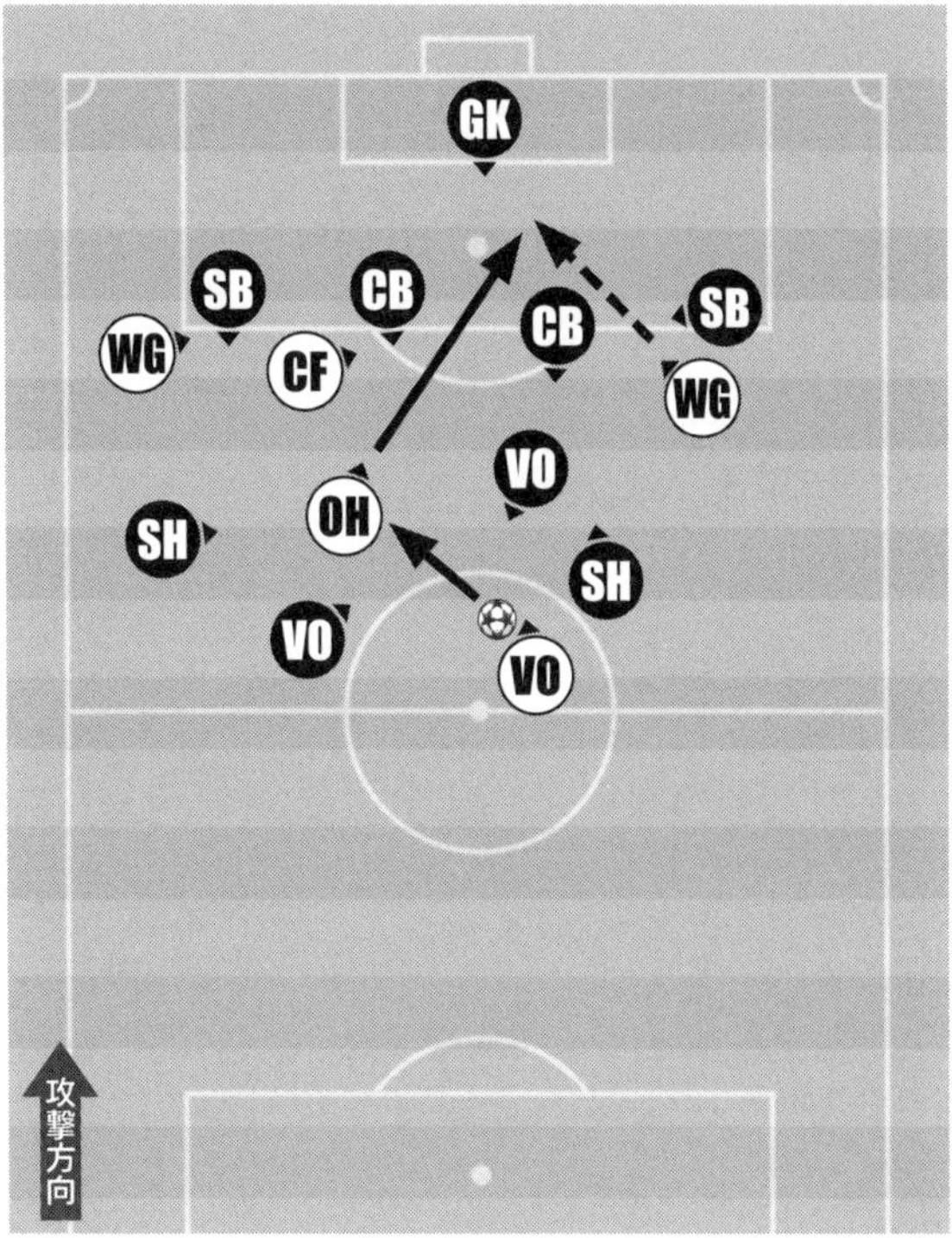

中盤の選手がライン間でボールを受けた状況。ここからスルーパスが出ればゴールチャンスにつながる。スルーパスを出せる状況にするためにも、周りの選手のディフェンスライン裏への飛び出しは欠かせない。オフサイドにかからないよう注意しながら、ボールホルダーとのタイミングを合わせて抜け出していこう

OTHERS ANSWER

正答例　パターン③

ウイングがボールを受けたら
ニアゾーンを狙って動く

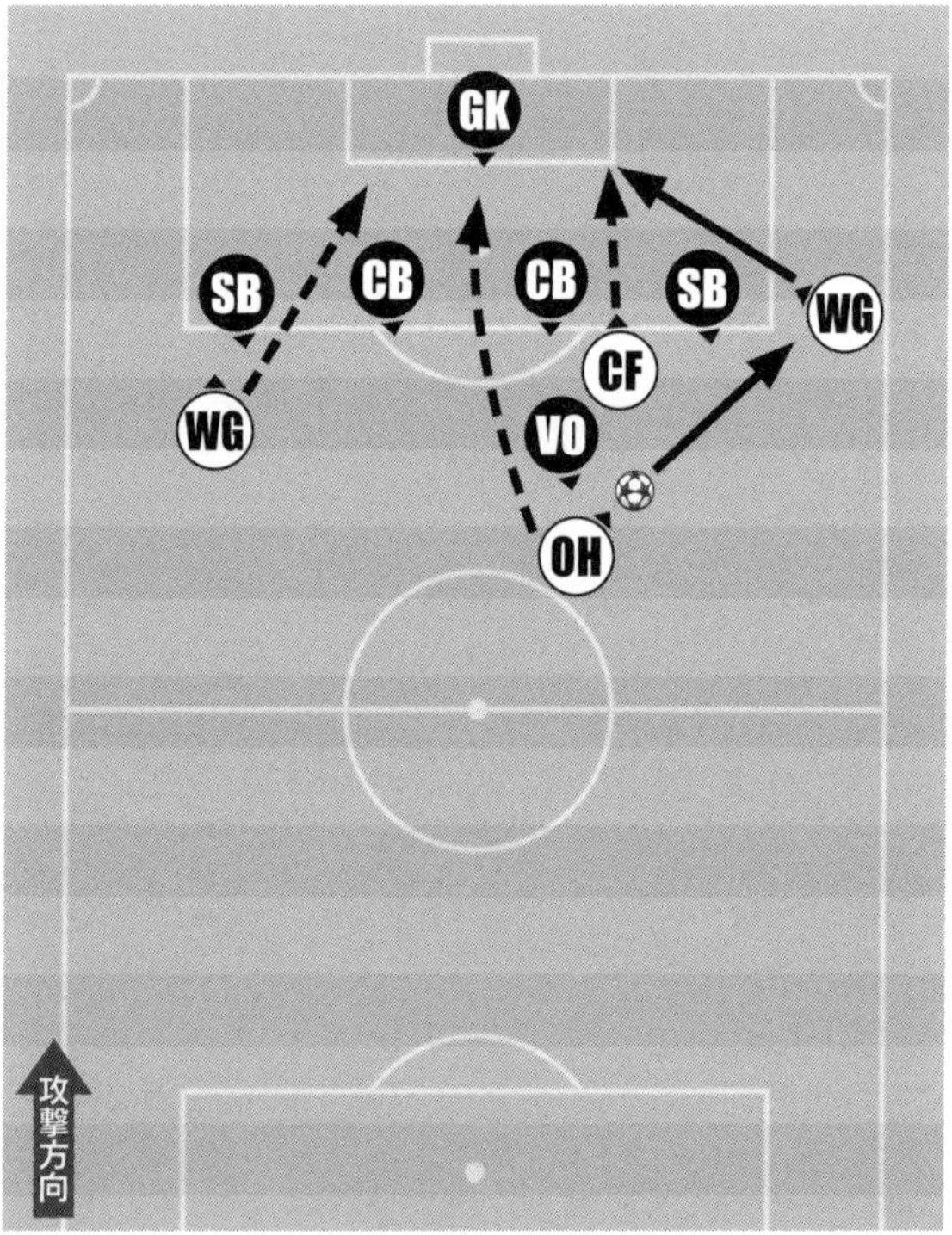

中盤からサイドのウイングにボールを渡し、相手のディフェンスラインを広げようとした状況。ウイングが前向きでボールを受けたら、そこからの突破を意識したい。突破にはドリブルだけでなくパスでの突破もある。ニアゾーンと呼ばれるゴール前のハーフスペースにボールが出ると、かなりチャンスが作れる。ここを狙っていきたい

正答例　パターン④

ワンタッチプレーを活用し
ディフェンスラインの裏へ抜ける

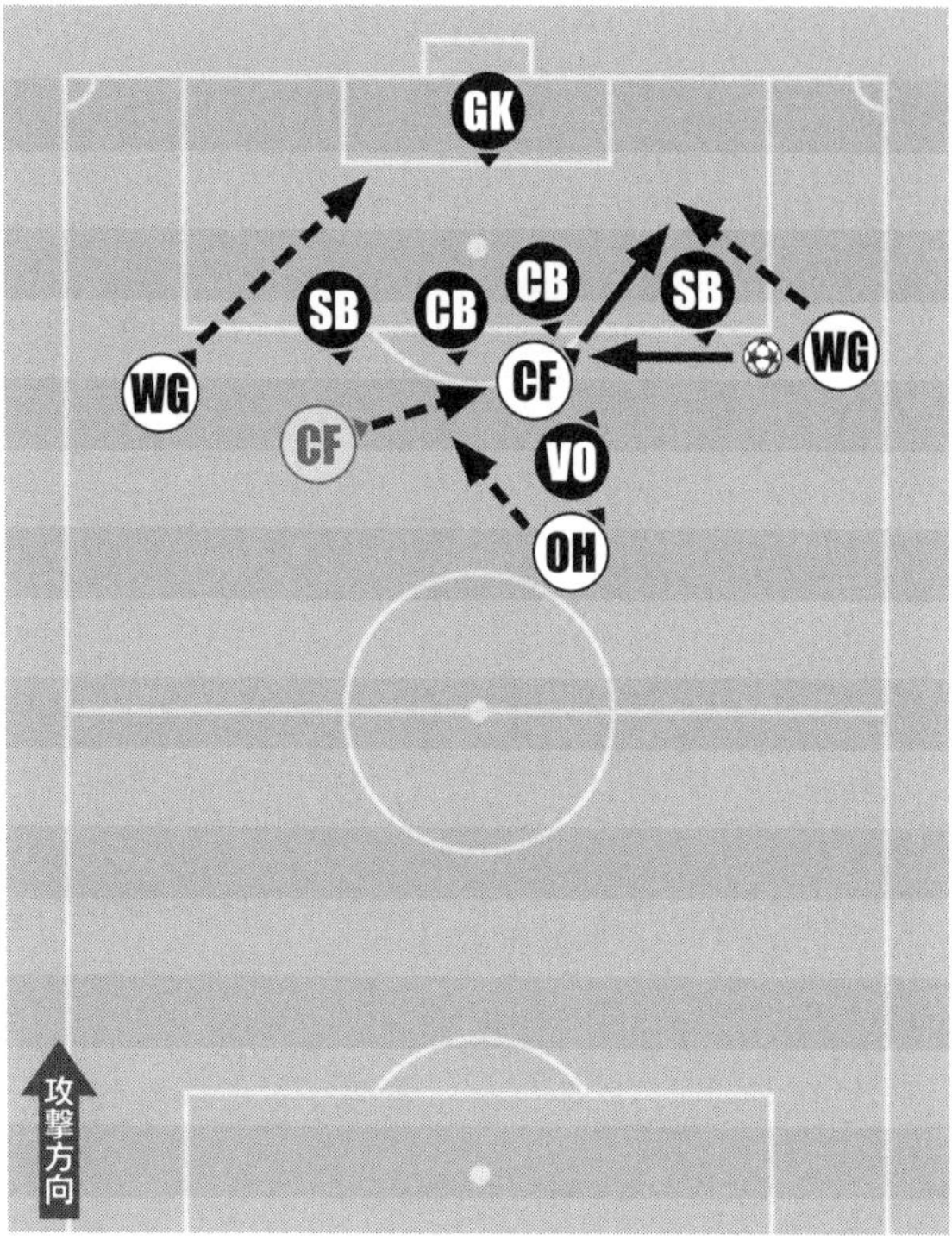

右図と同様にウイングにボールが出た状況。ここでのプレー選択は、裏への飛び出しではなくコンビネーション。センターフォワードが裏に抜けるフェイクをかけた後に横のルートにボールを受けにいく。ウイングは、縦へのドリブルも考えつつ、タイミングが合えばワンツーをしてニアゾーンを抜いていく。攻撃パターンは豊富に持っておきたい

QUESTION

問題
22

サイドでボールを受けたとき
1対1の状況になりました。
ドリブル突破で勝負を仕掛けることが
ベストな選択だと思いますか？

エリア	▶相手陣内（アタッキングサード）
攻守	▶攻撃の崩し
立ち位置	▶前向きの状態

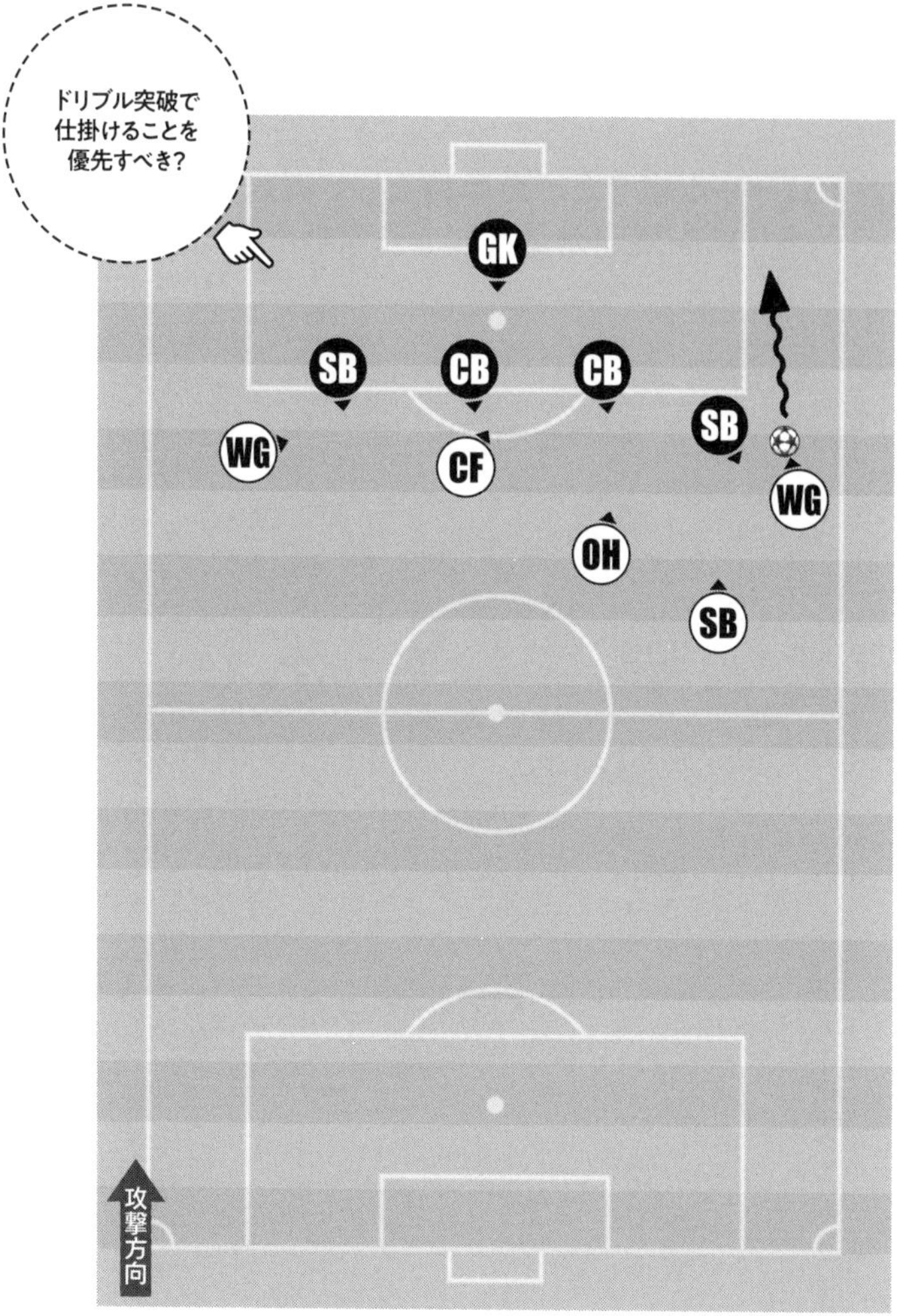

アタッキングサードのタッチライン沿いでボールを受けた。相手サイドバックと1対1の状況なので、ドリブル突破で仕掛けることを選択した。この選択は問題ないのだろうか

ANSWER

正答例

**ゴールを奪うための手段として判断する
ドリブル突破が目的にならないように!**

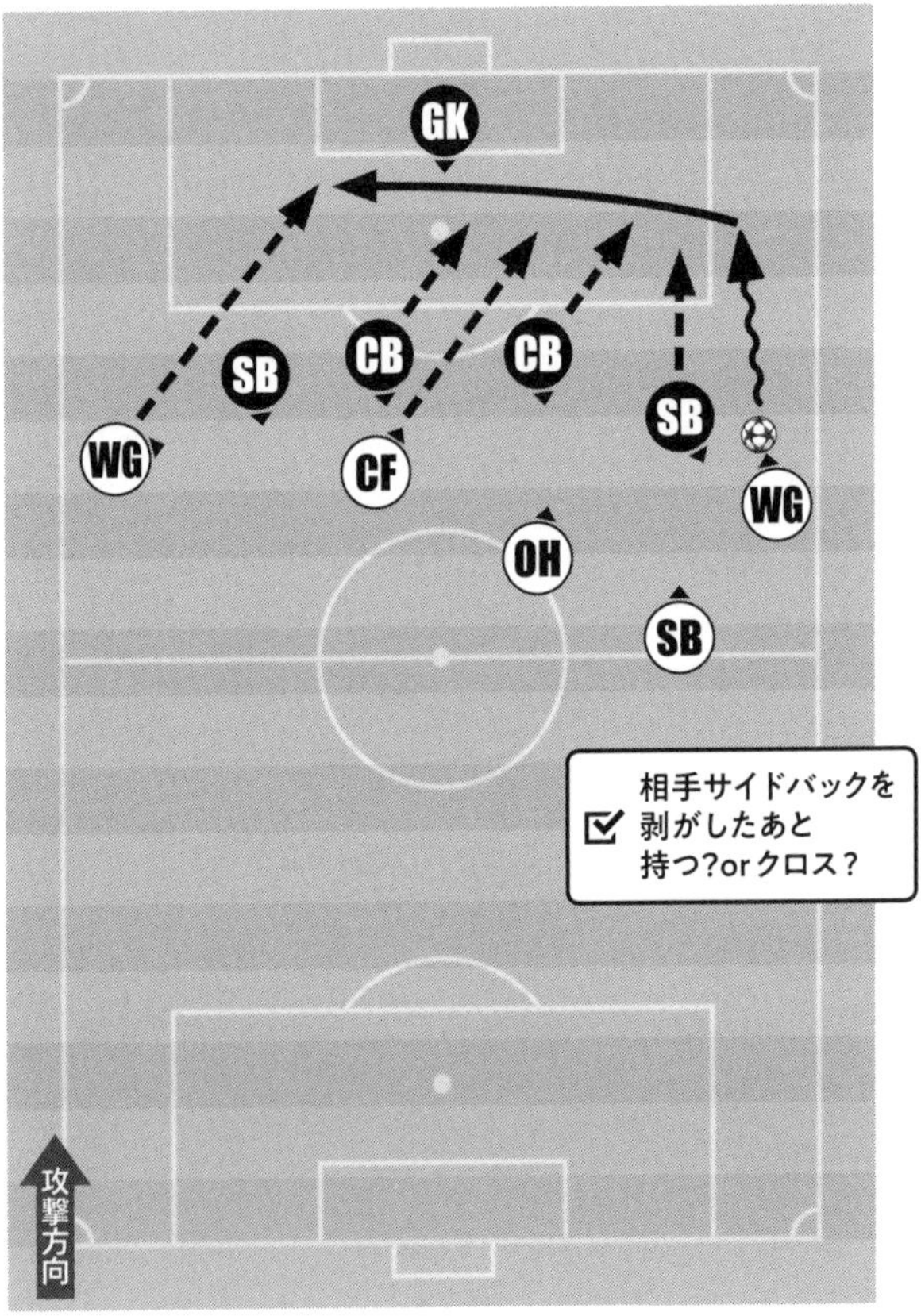

ベストのタイミングでクロスを送ることがドリブルの目的

崩しの場面でドリブルで相手を1枚剥がすことができれば、大きなチャンスを作ることにつながります。現代サッカーでも、ウイングやサイドの選手のドリブル突破は大きな武器になります。だからといって「ドリブルがすべて」では決してありません。ドリブルで相手を抜くことが目的ではなく、ゴールを決めるための崩しの手段だということを忘れないでください。

例えば、ウイングがボールを受けて相手のサイドバックを突破で剥がした状況。相手のディフェンスラインは高い位置で揃っているが、味方のセンターフォワードは良い位置にいて裏への飛び出しもできる場面。このときの判断で、ディフェンスラインとゴールキーパーの間のスペースにグラウンダーの速いクロスを送ることができれば、フォワード、もしくは左サイドから走っているウイングが合わせてゴールを奪えるかもしれません。この状況で良く見かけるのは、ウイングが無駄にボールを持ちすぎてしまいプレーの判断が遅れることで、センターフォワードの飛び出しのタイミングも失われ、チャンスをみすみす逃してしまうケースです。

ドリブルが得意だとしても、ドリブルに執着する考えは捨てましょう。ゴールを決めるために、得意なドリブルを有効的に使う。これがベストプレーヤーなのです。

OTHERS ANSWER

正答例　パターン①

ドリブルではなくアーリークロスを送ることも選択肢としてはあり

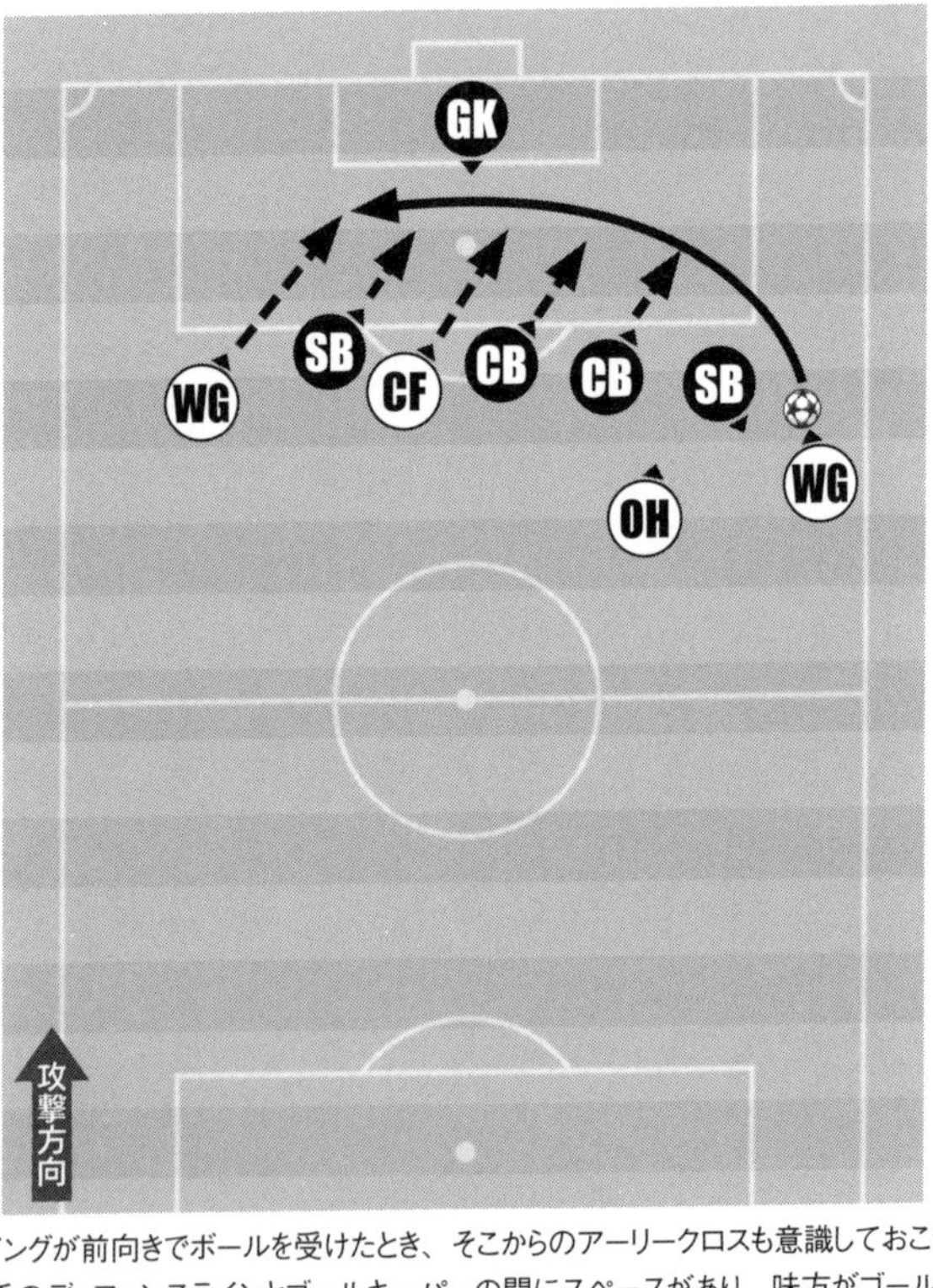

ウイングが前向きでボールを受けたとき、そこからのアーリークロスも意識しておこう。相手のディフェンスラインとゴールキーパーの間にスペースがあり、味方がゴール前にタイミング良く走り込めるなら精度の高いクロスを送る。相手は戻りながらの守備となるため対応が難しく、クリアしたとしても二次攻撃につながる

正答例　パターン②

「ドリブルで相手を完全に振り切れば ゴールに向かえることもある」

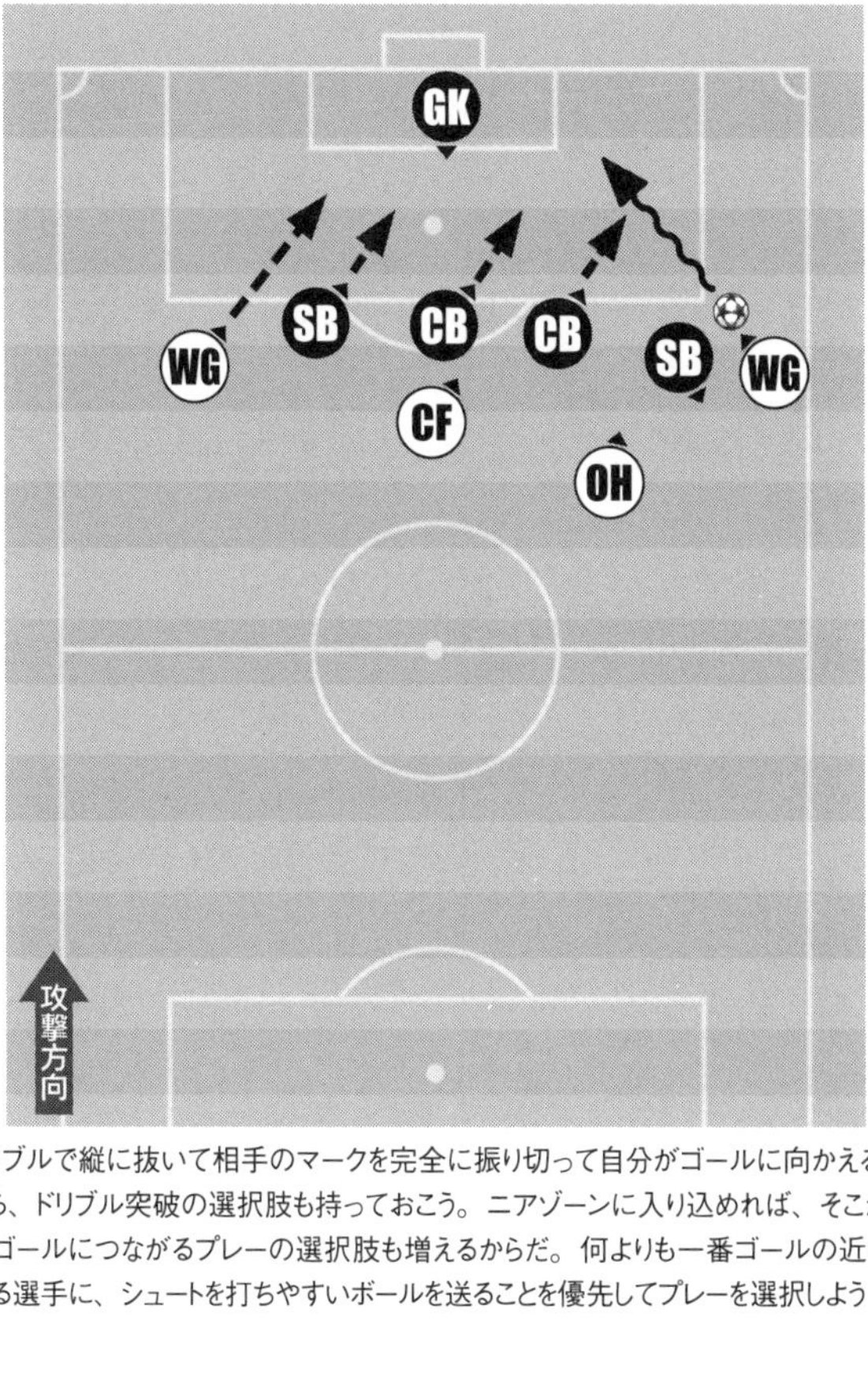

ドリブルで縦に抜いて相手のマークを完全に振り切って自分がゴールに向かえるのなら、ドリブル突破の選択肢も持っておこう。ニアゾーンに入り込めれば、そこからのゴールにつながるプレーの選択肢も増えるからだ。何よりも一番ゴールの近くにいる選手に、シュートを打ちやすいボールを送ることを優先してプレーを選択しよう

QUESTION

問題
23

崩しはすべてアイデア重視ですか？
それともプレーパターンは
持っておいたほうが良い!?
どちらだと思いますか？

エリア	▶ 相手陣内（アタッキングサード）
攻守	▶ 攻撃の崩し
立ち位置	▶ 前向きの状態

崩しのパターンは持っておいたほうがいい?

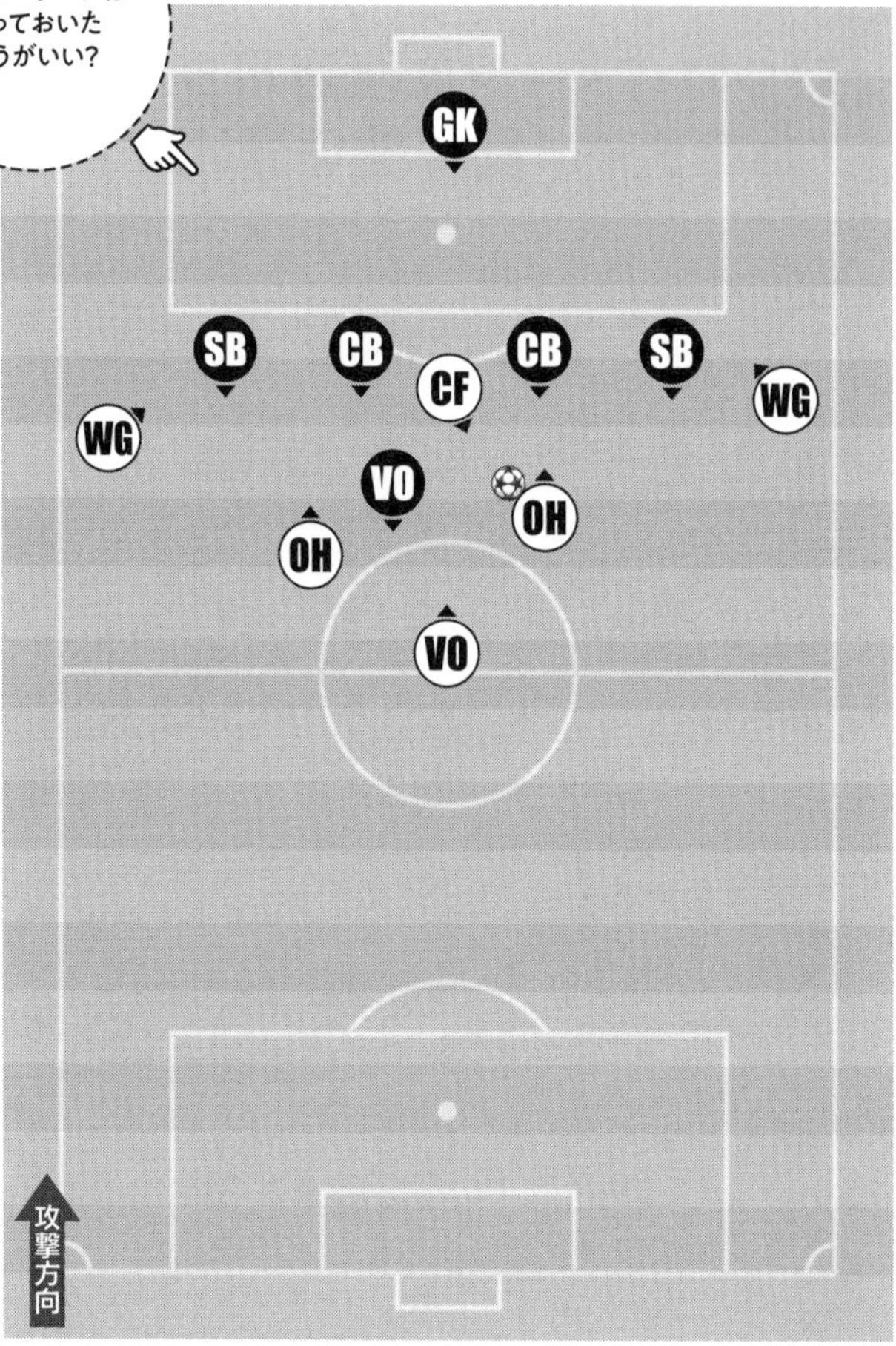

アタッキングサードに入ったら崩しのアイデアを持ってチャレンジしていくことが大事。ただアイデアが生まれず中途半端なプレーになりがち。 基本となるような崩しのパターンは持っておいたほうがいいの?

ANSWER

正答例

「崩しのパターンは複数持ちたい!
選手タイプ別に使い分けよう」

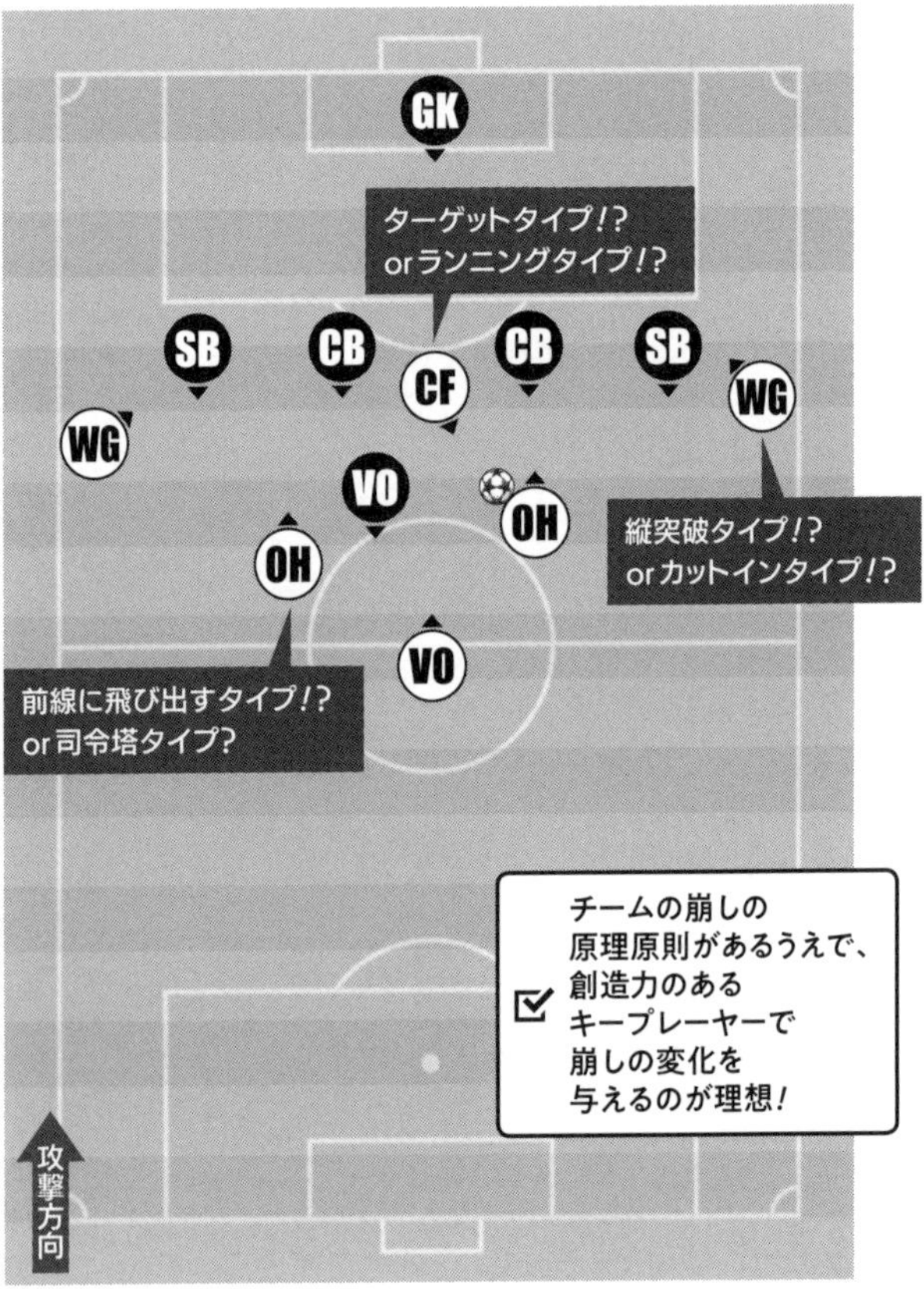

GK
ターゲットタイプ!?
orランニングタイプ!?
SB
CB
CF
CB
SB
WG
WG
VO
OH
縦突破タイプ!?
orカットインタイプ!?
OH
VO
前線に飛び出すタイプ!?
or司令塔タイプ?
チームの崩しの
原理原則があるうえで、
創造力のある
キープレーヤーで
崩しの変化を
与えるのが理想!
攻撃方向

どう攻めることでゴールの確率が上がるのかを判断しよう

アタッキングサードを崩していくには、プレーのアイデアはとても重要です。コンビネーションプレー、ワンタッチプレー、サードランニング、ダイアゴナルランなど、様々なプレーや動きに加えて、その場で閃いたアイデアがより多くのゴールチャンスを作り出します。

アイデアさえあれば、崩しは何とかなる。と思っている人も多いかもしれません。ただし、このアイデアで生まれたプレーにはある問題点があります。それは、プレーのミスを繰り返すことで、アイデアが生まれなくなる現象が起きるからです。ミスをすると、少なからずともメンタルに支障が出ます。次は失敗できない、成功するためにプレーをしなくてはならない。これらがプレッシャーとなり、より良いアイデアがまったく生まれなくなってくるのです。こうなってくると、崩しの発想が出なくなり、単純なプレーの連続になってしまうことでしょう。無謀なドリブル突破で奪われてカウンター。良く見る光景です。

やはり、崩しのパターンは事前に用意をしておくべきです。そのパターンは、選手の特性に合わせて構築していくのがベストでしょう。フォワードにどんなタイプがいるのか、ウイングには、トップ下には？　これらを考慮して攻撃パターンをトレーニングしていきましょう。

OTHERS ANSWER

正答例　パターン①

2トップでターゲットマンがいれば
ポストからの裏へ抜け出しを狙う

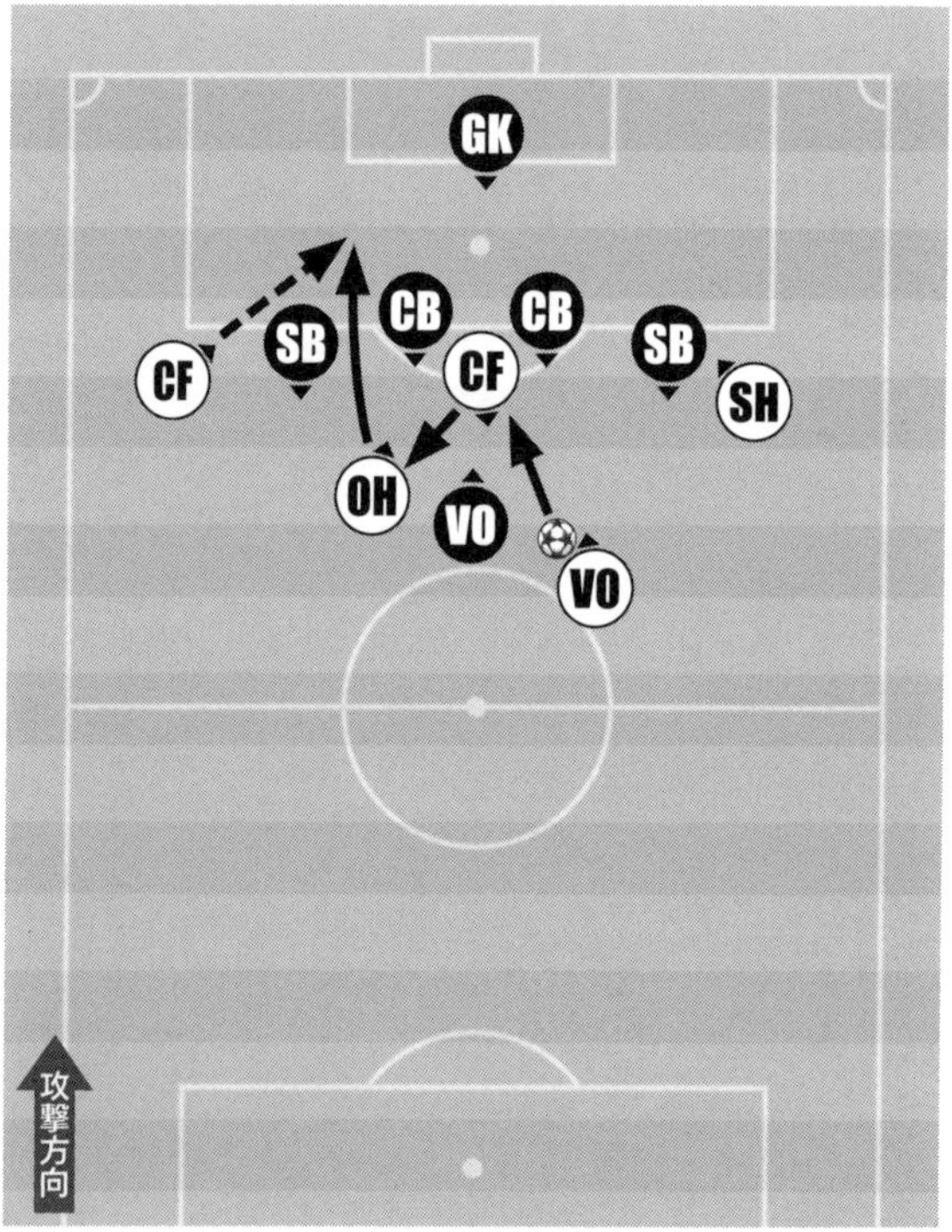

チームのシステムとして前線は2トップ。ターゲットマンとランニングマンがいる。狙うは、ターゲットマンへボールを入れ、ポストからの裏への抜け出しで崩していくパターンだ。ボランチからセンターフォワードへ縦パスを入れ、落としたタイミングでランニングマンは動き出して相手ディフェンスラインの裏に飛び出しゴールへ向かう

正答例　パターン②

右サイドのウイングが左利きなら バイタルを空けてカットイン

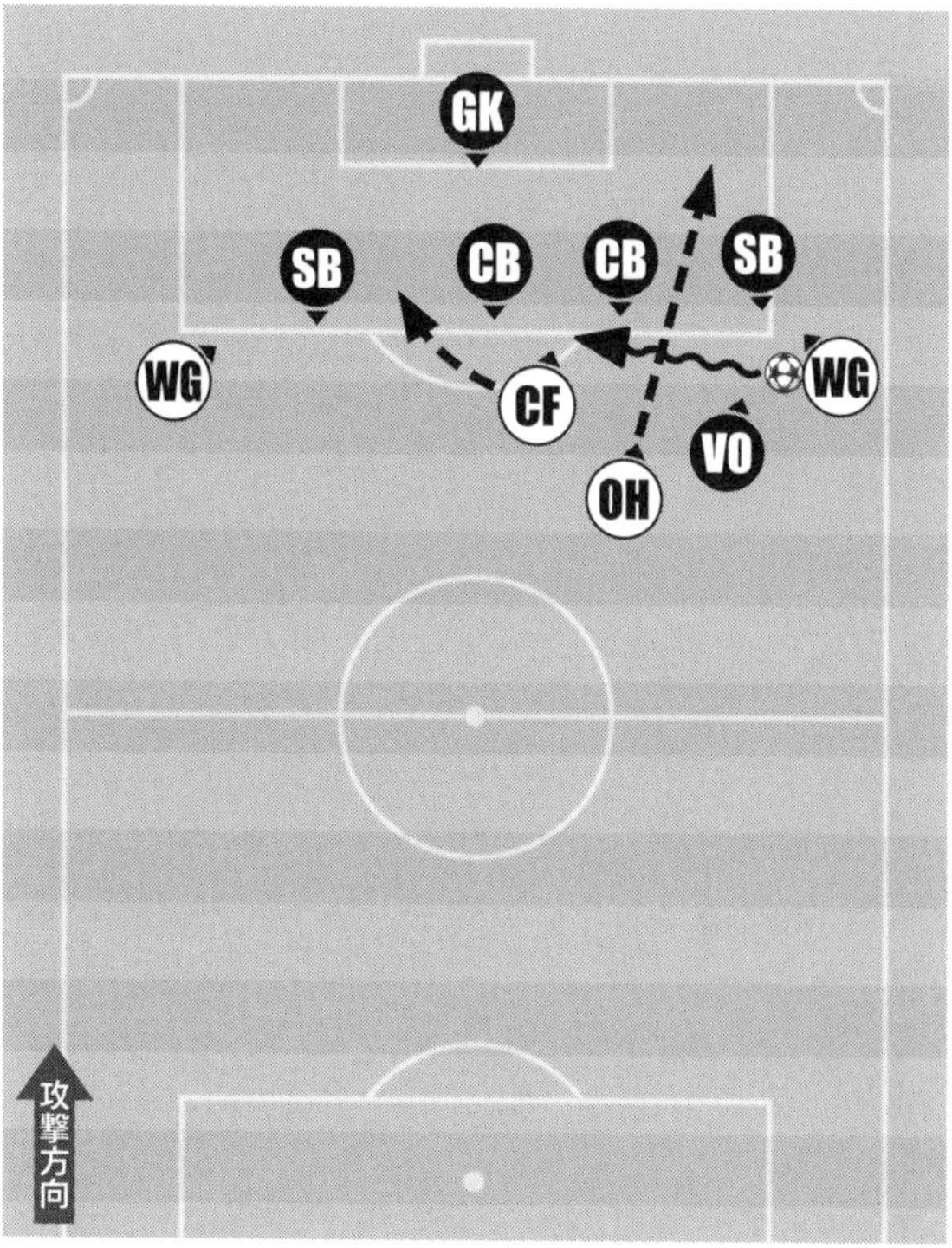

右サイドのウイングに左利きでカットインタイプの選手がいる。この選手がゴールゲッターであるなら、 彼にシュートを打つためのスペースを作ることをチームとして考えたい。中盤はニアゾーンへ走り相手のディフェンスを下げる。 中央のセンターフォワードはカットインのためのスペースを空ける。タイミングが合えばスペースメイクは成功する

OTHERS ANSWER

正答例　パターン③

ヘディンガーがいるなら
クロス+セカンドボールを狙う

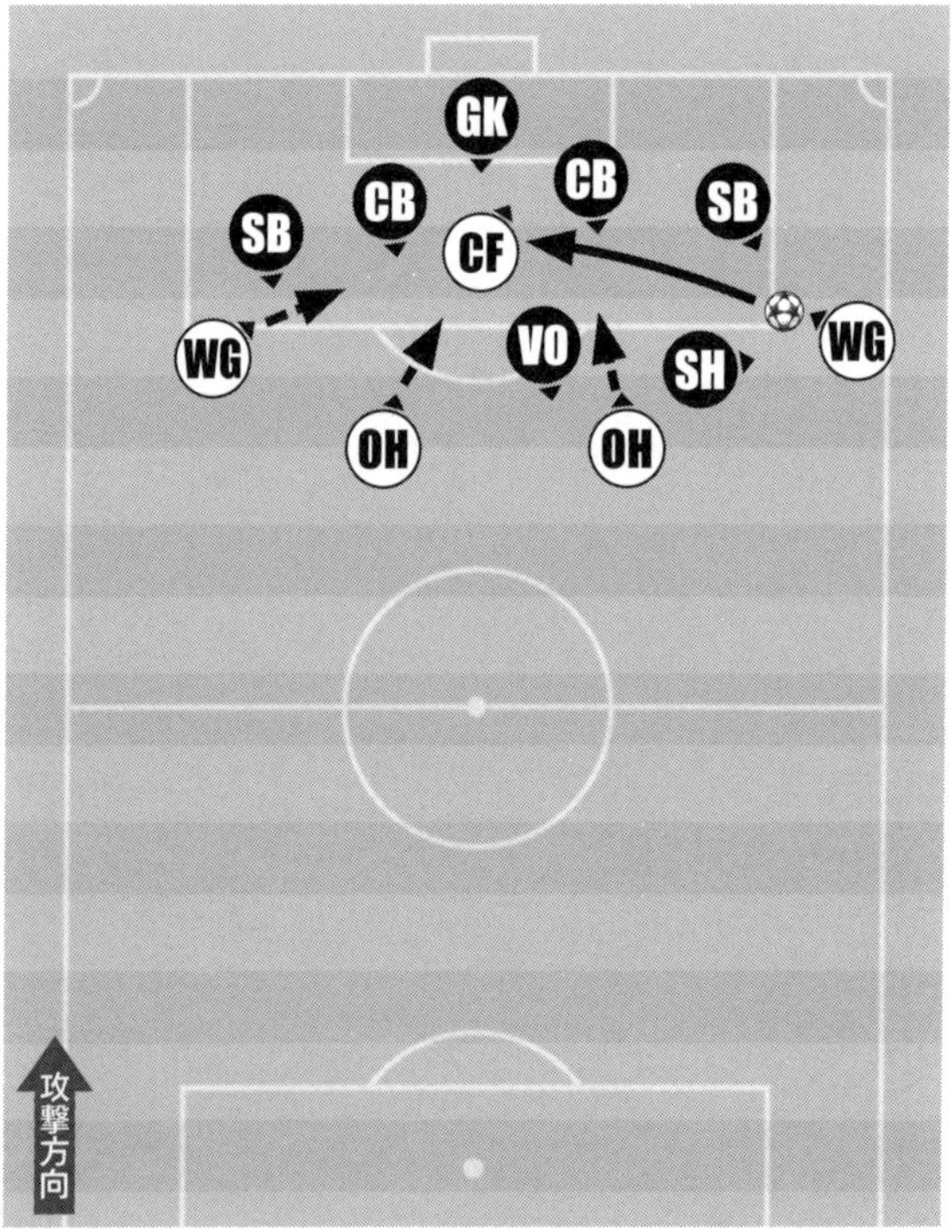

センターフォワードに大きくヘディングに絶対の自信を持つ選手がいる。このような選手がいるなら、そこへのクロスでゴールを狙うパターンは鉄板だろう。クロスの精度を高めるために、クロッサーがフリーになるためのボールのつなぎを考える。そして、クロスを上げたら周りの選手はセカンドボールを拾うためのポジション取りをしよう

正答例 パターン④

スピードスターがいるなら ニアゾーンへの飛び出しを狙う

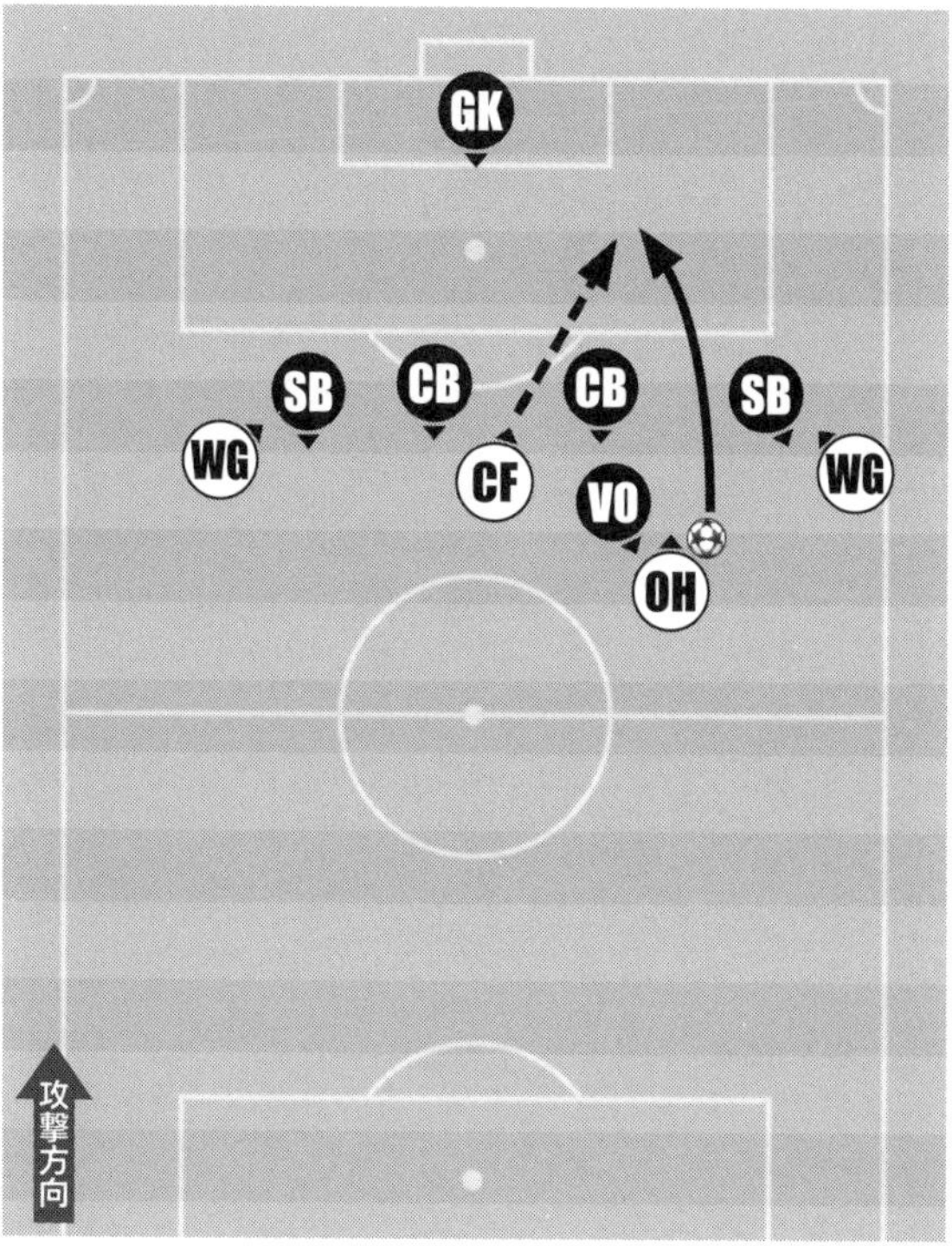

足が速いフォワードがいれば、それを使わない手はない。彼に走るスペースを与えるために、少し重心を下げてセカンドラインでボールをつなぎ、相手ディフェンスラインを高めにしておく。中盤が前向きにボールを受けたタイミングでフォワードはスペースに動き出し、そこにスルーパス。ニアゾーンを狙うなどエリアは決めておきたい

QUESTION

問題
24

相手を突破するためには
メッシの ような細かいドリブルが
適しているのでしょうか？

エリア	▶ 相手陣内（アタッキングサード）
攻守	▶ 攻撃の崩し
立ち位置	▶ 前向きの状態

メッシのドリブルスタイルをマネするべき?

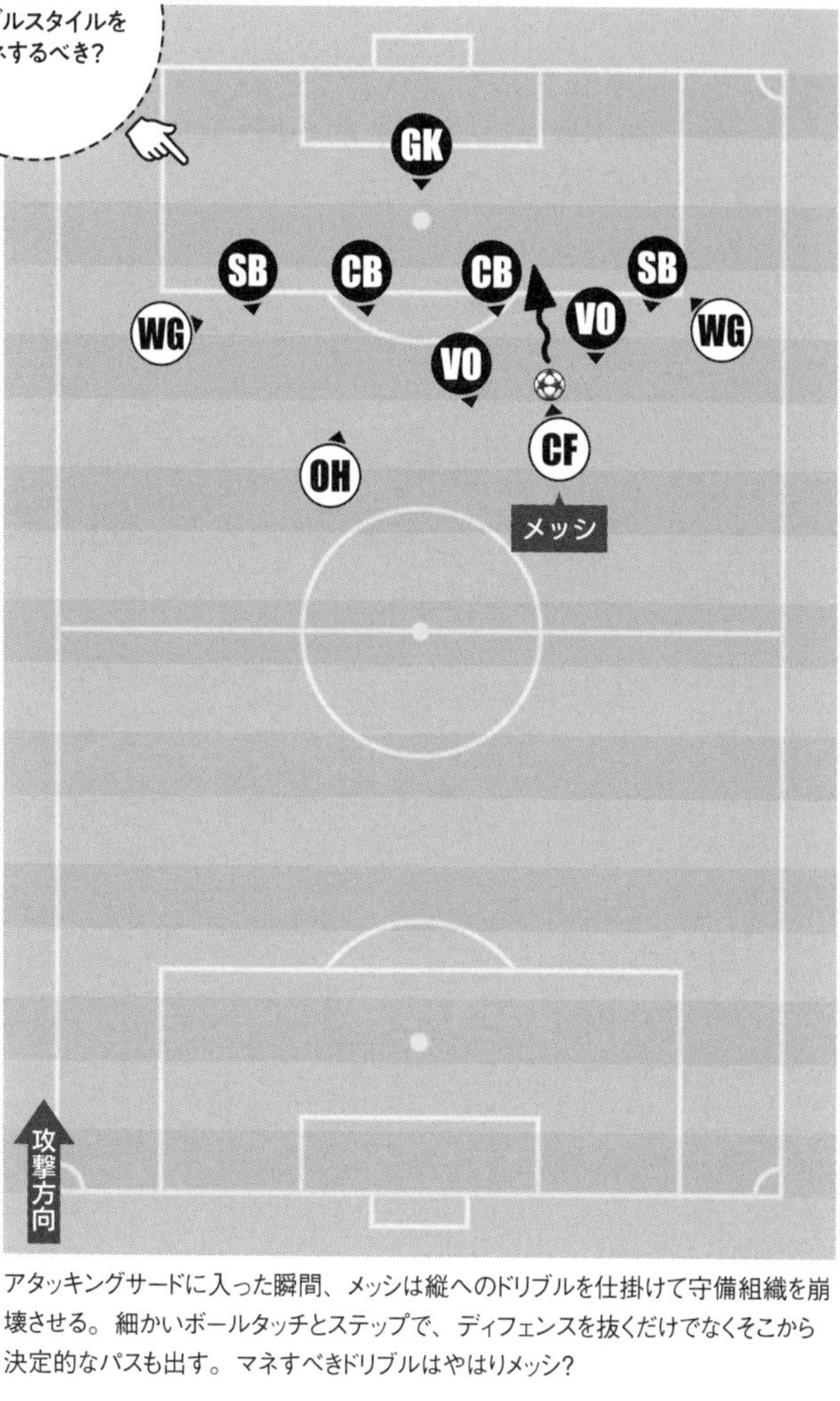

アタッキングサードに入った瞬間、メッシは縦へのドリブルを仕掛けて守備組織を崩壊させる。細かいボールタッチとステップで、ディフェンスを抜くだけでなくそこから決定的なパスも出す。マネすべきドリブルはやはりメッシ?

ANSWER

正答例

メッシのドリブルはメッシでしかできない！
自分のドリブルスタイルを見つけよう

GK
CB
SB
CB
SB
WG
WG
OH
メッシ
ドリブルしながら
パスも出せないと
使えるドリブルにならない
攻撃方向

顔が下を向き目線が下がることは避けたい

メッシというスーパーな選手が出現してきてから、ドリブルの概念が変わってきました。メッシのように細かく速いステップで、ボールタッチも細かい。相手を1人かわすのなんて何のこともない。2、3人が相手したとしてもかわされてしまうこともある。もちろんスゴいプレーですし、マネをしたくなる気持ちも分かります。ただし、サッカー選手全員がメッシのドリブル法を身につけようとするのはどうでしょうか？　メッシだからできるドリブルなわけで、すべての選手に合うものだとは考えづらいです。

メッシのドリブルというか、メッシの凄さでもあるのですが、あの細かいドリブルをしても味方の動き出しを見逃さず、しかも瞬時にパスに切り替えることがメッシには簡単にできます。あのドリブルをマネしようとすると、大抵の人はボールに目線がいき顔が下がってしまいます。顔が下がるとパスの受け手も動き出しづらくなります。メッシの場合は、絶対にパスが出てくると周りの味方が思っているため、味方が悩むことなく動き出せるのです。

ドリブルをするときに、目線が下がるかどうか、味方がタイミングを合わせやすいか、などを考慮して自分なりのドリブル方法を選ぶと良いでしょう。

QUESTION

問題
25

チャレンジして攻撃を仕掛けましたが
相手ディフェンスにクリアされ
そのままカウンターを
くらうことが多いです。
どうすればセカンドボールが
拾えますか？

エリア	▶ 相手陣内（アタッキングサード）
攻守	▶ 攻撃の崩し
立ち位置	▶ 前向きの状態

相手のカウンターが怖い

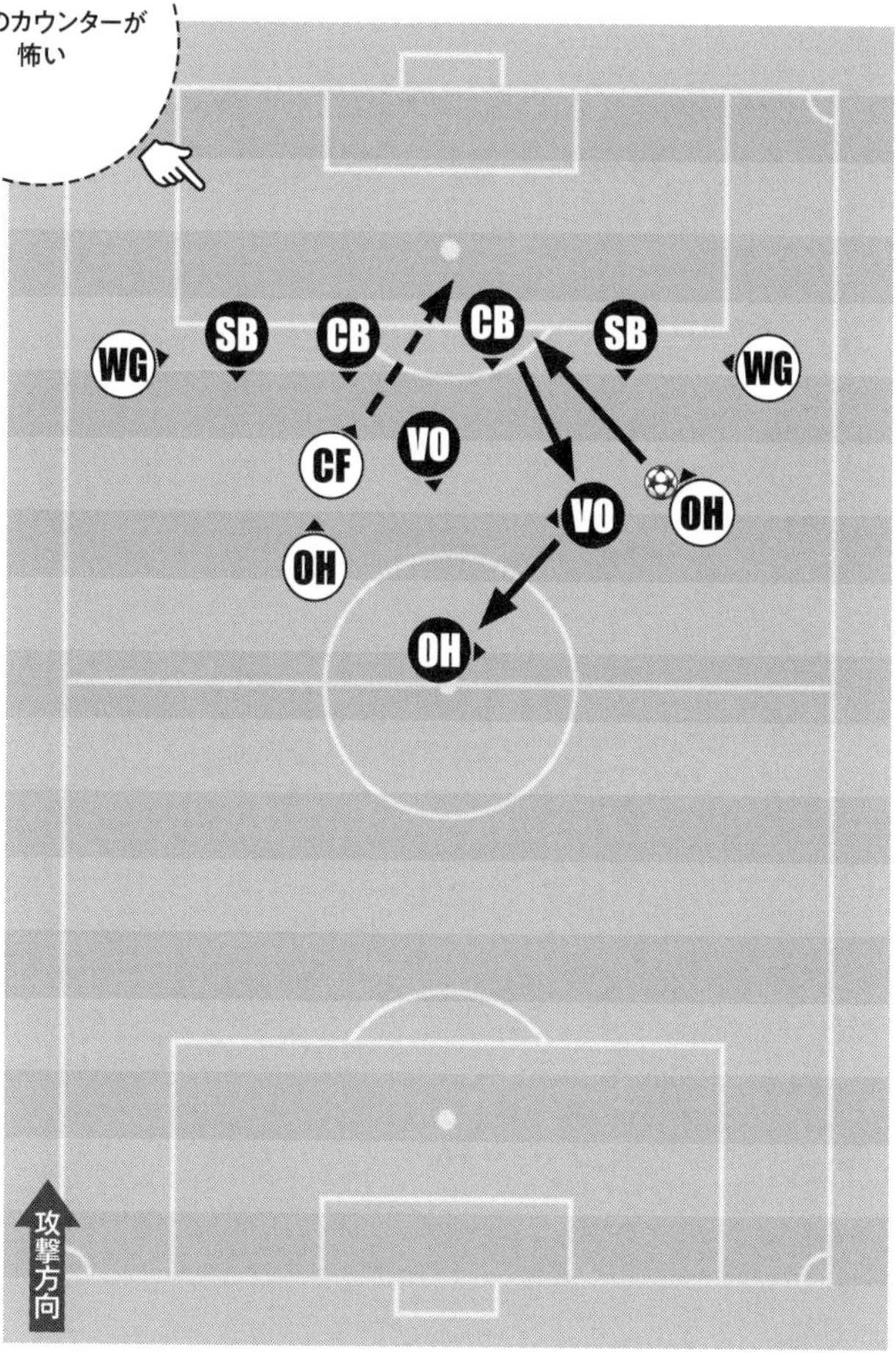

アタッキングサードで裏に抜け出すフォワードにスルーパスを狙った。しかし、相手ディフェンスにクリアされてしまった。そのセカンドボールをいつも相手に奪われてカウンターをくらってしまうのはなぜなのだろうか

ANSWER

正答例

仕掛けのときでもポジションバランスを気にしておくことが必要

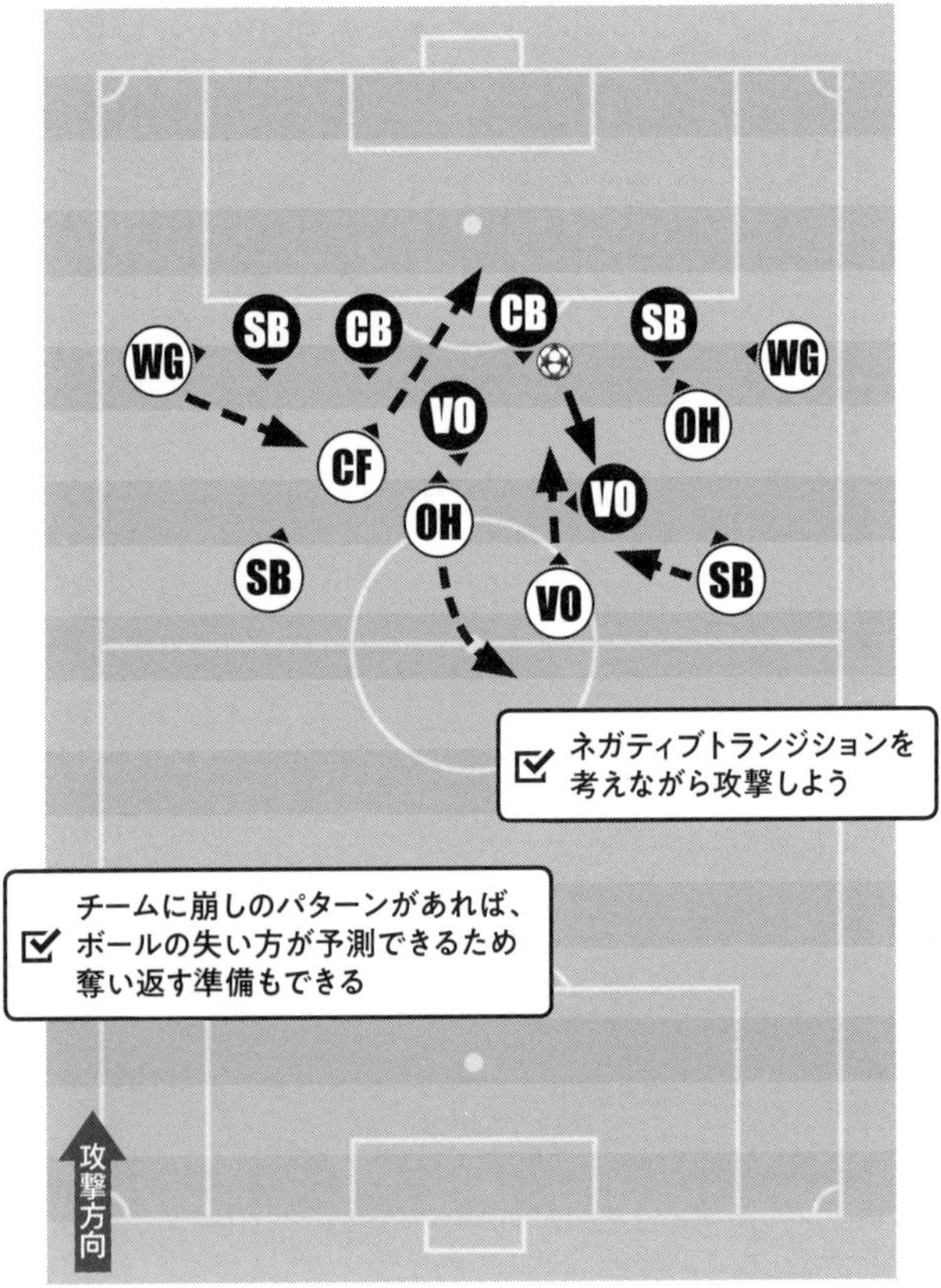
WG
SB
CB
CB
SB
WG
CF
VO
OH
OH
VO
SB
VO
SB
ネガティブトランジションを
考えながら攻撃しよう
チームに崩しのパターンがあれば、
ボールの失い方が予測できるため
奪い返す準備もできる
攻撃方向

攻めるといってもバランスは崩してはいけない

前半に失点をして、後半追いつき逆転するために、後半開始から怒涛の攻撃をしかけている。しかし、なかなかゴールまで結びつかず、しまいには相手にセカンドボールを拾われ、カウンターを喰らって再び失点。点差を拡げられてしまった。このような試合はとても良く起こります。何としても同点に追いつくために、総攻撃を仕掛けるのでしょうが、これがかえってチームのポジションバランスを悪くしているのです。サッカーは攻守一体で考えます。当たり前ですが攻撃だけではありません。相手にボールを奪われた瞬間に切り替えて守備にスイッチするのです。攻撃から守備への切り替えのことを「ネガティブトランジション」と言いますが、ネガティブトランジションを成功させるには、攻撃時のポジションバランスが関係します。セカンドボールを拾えなかったり、相手に余裕を持ってカウンターされるのは、守備への切り替えを考えた配置になっていないことが原因なのです。裏に飛び出した選手がいたら、そのサポートポジションに入る。ボランチが前に出たら、そのカバーリングにトップ下は下りるなど、縦方向のパスを防ぎながら相手のカウンターを予測してポジションを取るのです。全体のバランスを考えれば、セカンドボールも自ずと味方に集まるようになります。

コラム
トレーニング

崩しのトレーニング

崩しのアイデアやパターンを豊富に持つためのトレーニング

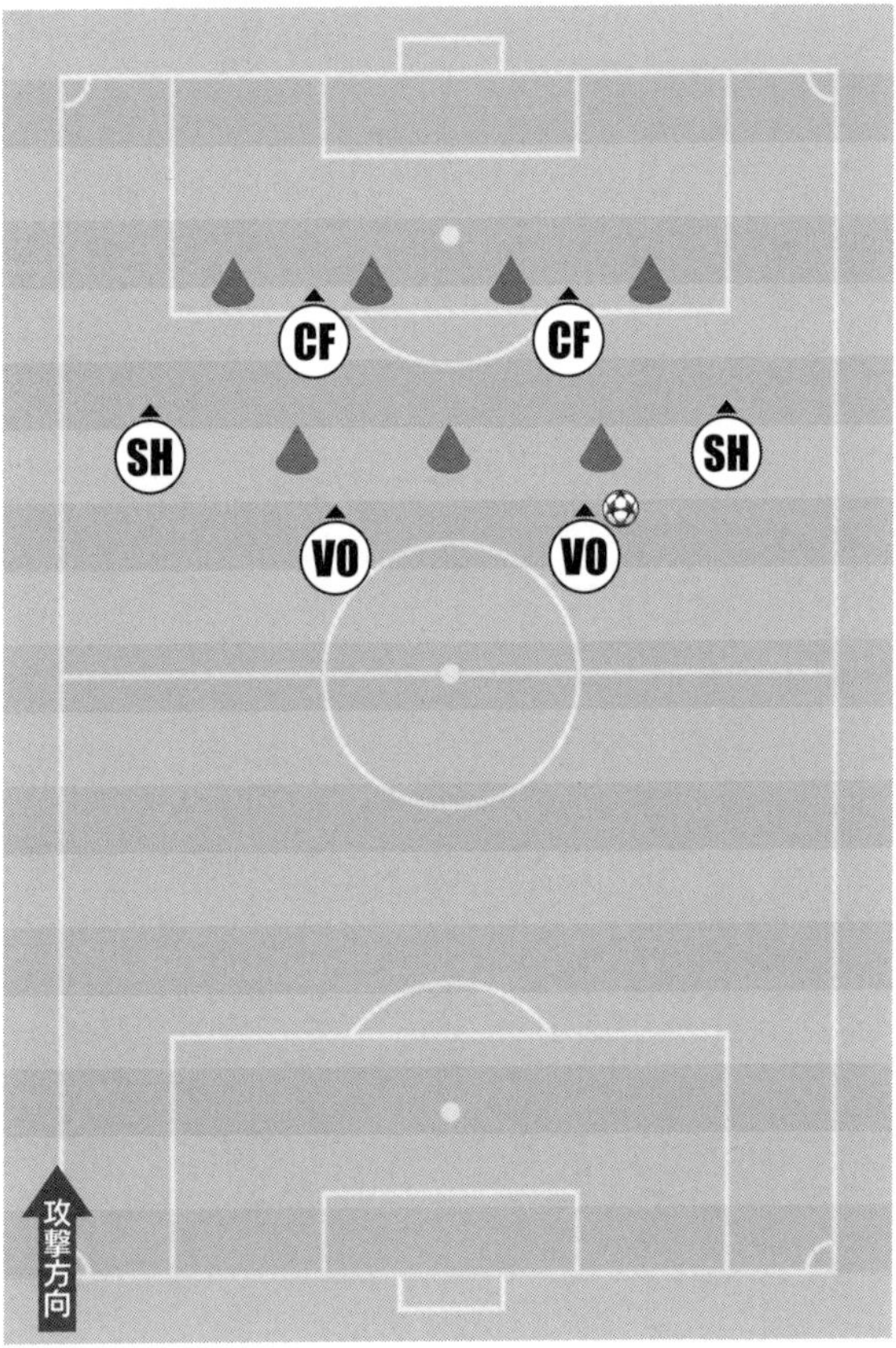

崩しの局面はチームとしてパターンを持つことが重要です。ここでは、スペインやドイツなど欧州クラブが、育成年代に徹底させている実践トレーニングを紹介。反復ドリルのように、ゴール前の動き方や崩しのタイミングを習得することで、仕掛けやチャレンジすることが身につきます。

トレーニング設定

・アタッキングサードのエリアを使用
・フォワードを2名、中盤3～4名を配置
・ディフェンス役となる人形を配置（人形がない場合はコーンでも可）
※2枚のセンターバック、2枚のサイドバック、3枚のボランチとなるように配置
・交代を繰り返しながら30～60分程度

トレーニングの進め方

・試合での状況を意識しながら、ゴールに向けてチャレンジさせる
・パターン作りだけでなく、選手のアイデアを重視する
・パスが人形に当たっても、すぐに切り替えるネガティブトランジションを意識させる
・シュートを打ったら、次の組にチェンジ。これを繰り返す

崩しのパターン例

・ライン間で受ける（ライン間で受けてプレーのスイッチを入れる）
・中央突破（ポストプレーやワンタッチプレーの活用）
・サイドからの崩し（サイドからのクロスや、マイナスへのパスの活用）
・ニアゾーンへの侵入（ワンタッチパス、スルーパスなどの活用）
・ミドルシュート（深い位置に侵入してからの折り返しなどのプレーの活用）

トレーニングのポイント

・裏を意識してボールを動かす
・ただボールを回すだけのプレーにならないように
・リスクを背負わないのはNG。チャレンジする
・ゴールにこだわること。ゴールから逆算で考える
・不必要なバックパスはしない

この章のまとめ＋α

この章の問題でポイントとなる要素をまとめています。

アタッキングサードの崩し方

❶崩しのパターン

➡フォワードはゴールを狙う

➡フォワードは裏を狙う

➡ニアゾーンを狙う

➡ワンタッチプレーの活用

➡崩しのパターンは複数持つ

➡ドリブルを効果的に使う

❷サイド攻撃の方法

➡ドリブルの目的はチャンスメイク

➡アーリークロスの活用

➡ゴールに向かうドリブル突破

❸セカンドボールの拾い方

➡ポジションバランスが重要

第4章

守備の問題集

QUESTION

問題
26

前から守備をしていきたいのですが
1本のロングパスでのカウンターを
受けてピンチを招いてしまいます。
どう対処しますか？

エリア	▶相手陣内
攻守	▶攻撃から守備の局面
立ち位置	▶前向きの状態

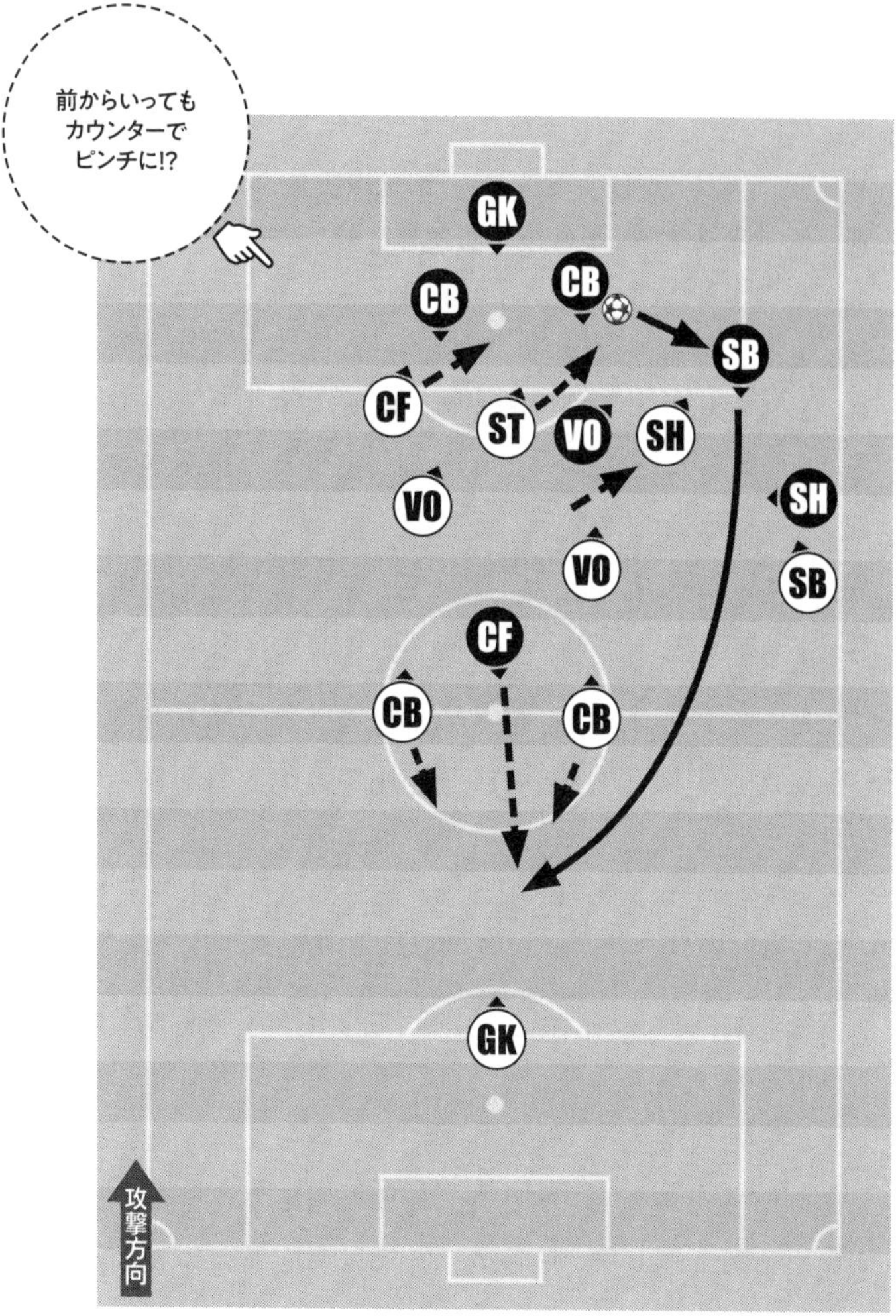

相手陣内で相手がボールを保持した状況。前からはめ込みにいきたいので、前線からプレッシングに行く。しかし、プレスがあまくロングパス1本で、味方の最終ライン裏に蹴り出されてカウンターを受けてしまう

ANSWER

正答例

味方のセンターバックが鈍足なら
無理に前から行くととてもリスキー

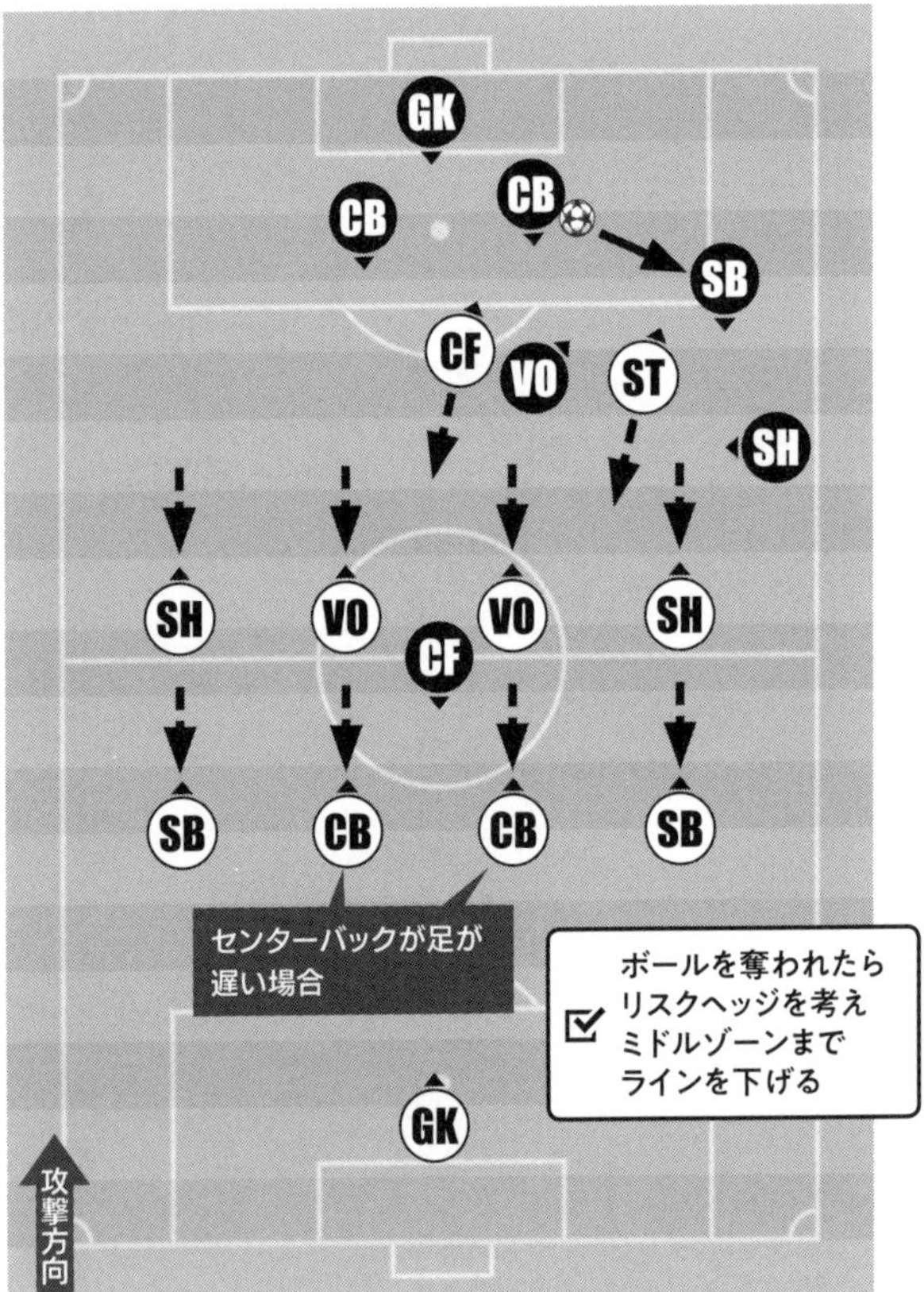
GK
CB
CB
SB
CF
VO
ST
SH
SH
VO
VO
SH
CF
SB
CB
CB
SB
センターバックが足が
遅い場合
ボールを奪われたら
リスクヘッジを考え
ミドルゾーンまで
ラインを下げる
GK
攻撃方向

相手陣内でボールを奪えたボーナスとカウンターのリスクのどちらを取る？

現代サッカーでの守備戦術は多岐にわたっています。組織的になおかつ攻撃的な守備が求められています。前線から相手陣内から行う守備は、その最たるものですが、誰でも取り入れて良い守備戦術というわけではありません。

カウンターのリスクを考えたときに、自分たちのセンターバックの選手の足が遅いタイプなら、ロングフィード1本で裏を狙われたら完全にピンチを招きます。たしかに、相手陣内でボールを奪えれば、攻撃が継続できチャンスが増えますが、ボールを奪ったときのボーナスと、カウンターをされてひっくり返されたときのリスク、どちらを求めるのかをチームで決めておかないといけません。仮に足の速いセンターバックがいたとしても安心はできません。相手のパスの精度やタイミングで入れ替わってしまう可能性があるため、前線からの守備はリスクは付きもので、それでも勇気を持ってやるのかを見極める必要があるのです。

やはり、センターバックの足の遅さに懸念があるのでしたら、前からは行かず、ミドルゾーンまでディフェンスラインを下げてブロックを作る守備戦術を選択すべきでしょう。相手チームに足の速いフォワードがいるのならなおさらです。

QUESTION

問題
27

前線からのプレッシングが
現代サッカーにおける
守備の主戦術になっています。
前から守備をしていく
理由とは何でしょうか?

エリア	▶相手陣内
攻守	▶攻撃から守備の局面
立ち位置	▶前向きの状態

プレッシング戦術がなぜいいの?

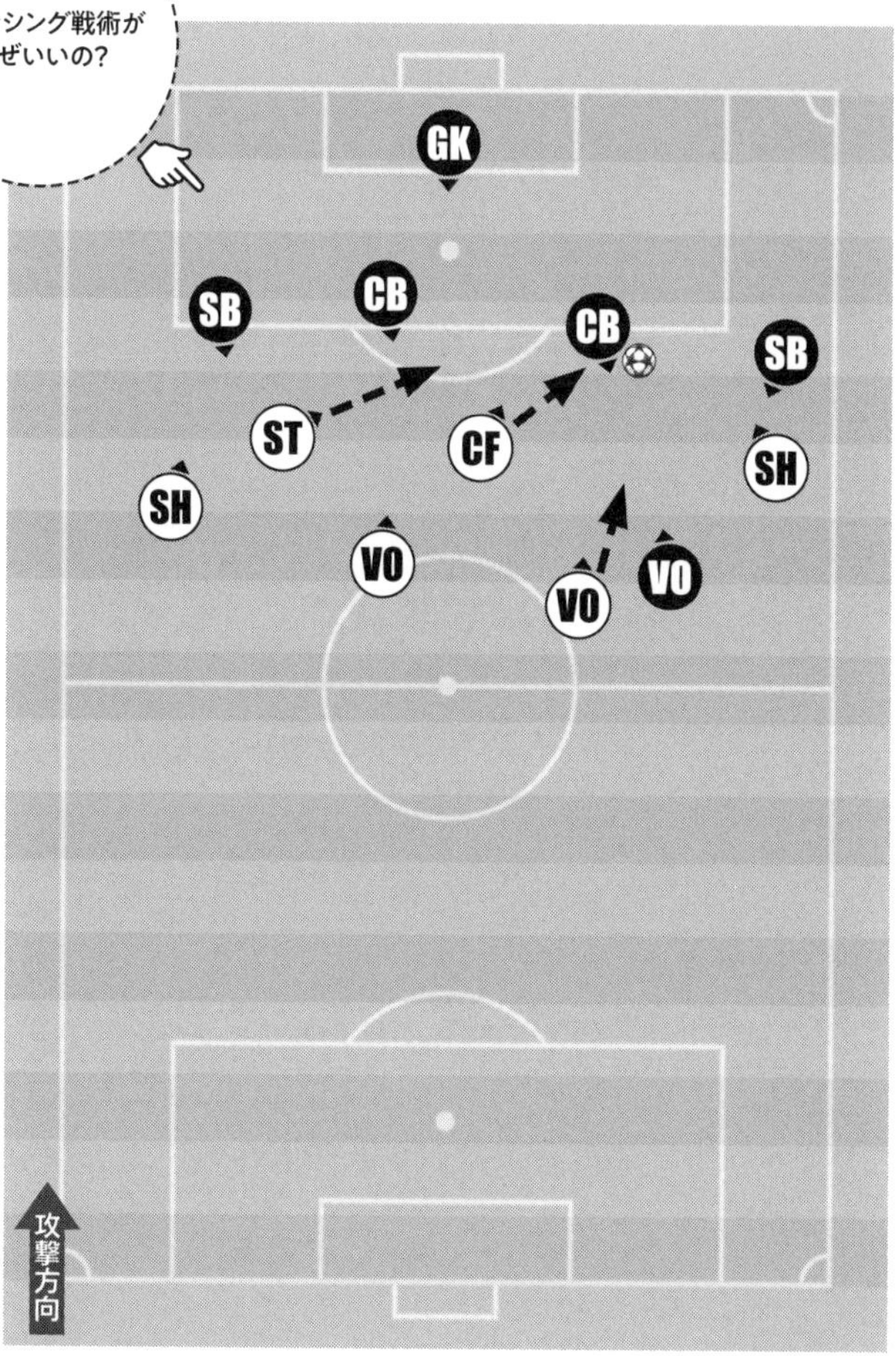

相手陣内に攻め込み崩しに入っていたが、ボールを奪われた。その瞬間から守備への切り替えになるが、現代サッカーでの守備戦術では前からのプレッシングを多用している。かわされたらカウンターのリスクがあるが、メリットとは何だろうか

A N S W E R

正答例

「相手ゾーンでボールを奪ったほうが
ゴールに近く得点が生まれやすいから」

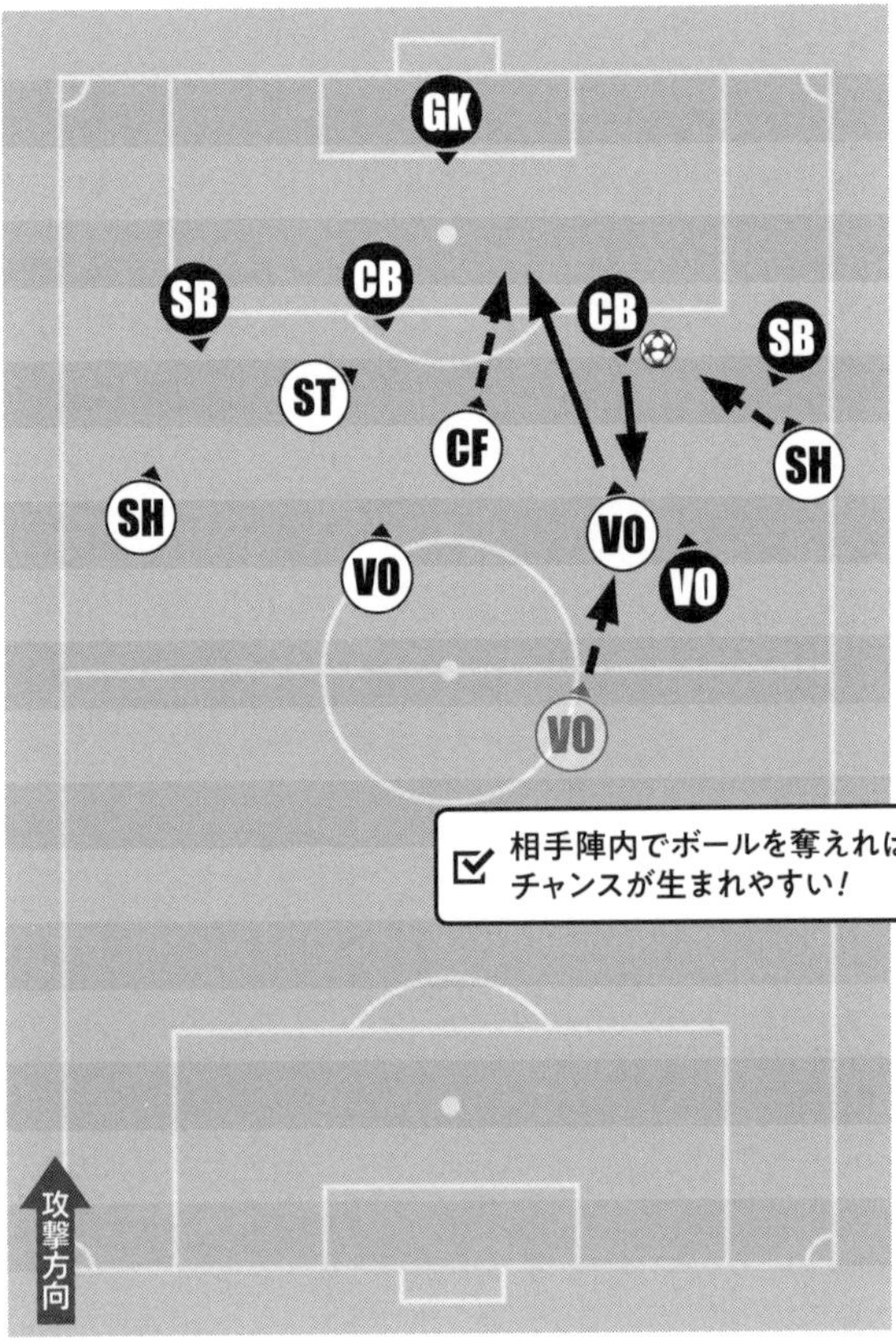

プレスを剥がされたときの状況を踏まえて戦術を選択する

やはり、相手陣内、ゴール前に近いエリアでプレーを続けたほうが、たくさんの得点チャンスが生まれます。相手のビルドアップの最中にボールを奪うことができたら、相手ゴール前の人数も少なく、ショートカウンターが決まりやすいからです。そのため、チームで前線からのプレッシングを採用すると監督が考えるのは当たり前なのです。

しかも、組織的ディフェンスはしっかりトレーニングを積めば成功する確率も高いです。ファーストディフェンダーやセカンドディフェンダー、サポート、スライドなどの動きをオートマチックに実践できるため、効果も目に見えて分かりやすい。実際、守備はボールを扱わないため、ボールさばきのミスがないという部分もあるでしょう。

注意点としては、プレスを剥がされたときの対処法は共有しておかなければなりません。自分たちがどのポジションに戻るのかを決めておく必要があるのです。センターバックはどこの位置まで下がる？　サイドバックは絞る？　ボランチのポジショニングは……。これらをチームとしてイメージしておかなければいけません。それらを加味したうえで、行くと決めたら勇気を持ってチーム全員でプレッシングをしていきましょう。

OTHERS ANSWER

正答例　パターン①

「プレスを剥がされてしまったあとの対応の仕方」

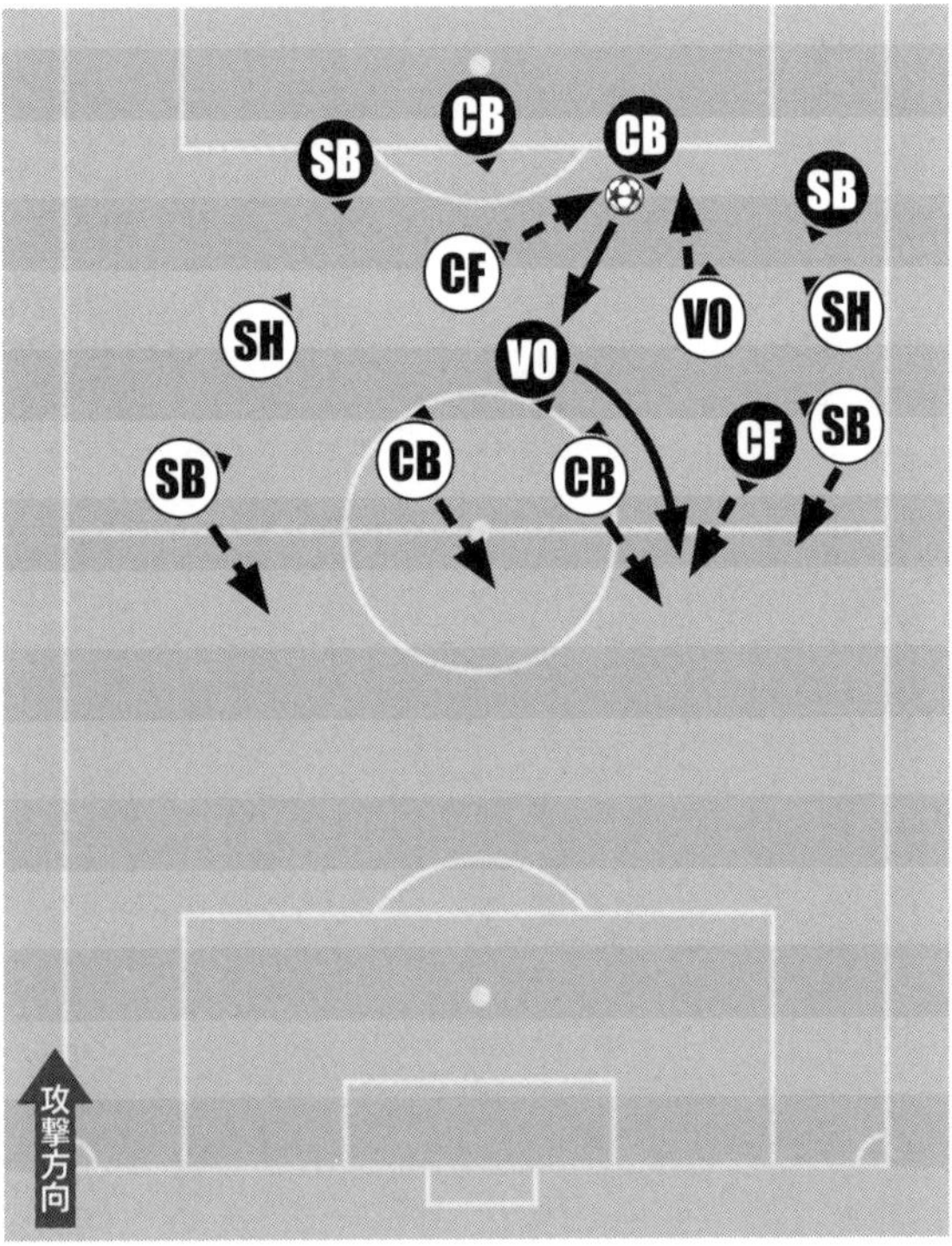

相手のセンターバックからボランチにボールが渡りプレスを剥がされてしまった。相手のボランチは前線へのパスを狙うはずだ。この状況になったら、無理をせずにディフェンスラインを下げて相手のカウンターに備えよう。ボールに対してセンターバックが行ったら、残りの守備者は下がりながらスライドしてコンパクトな陣形にしよう

正答例 パターン②

「カウンターを受けたときのセンターバックの対応の仕方」

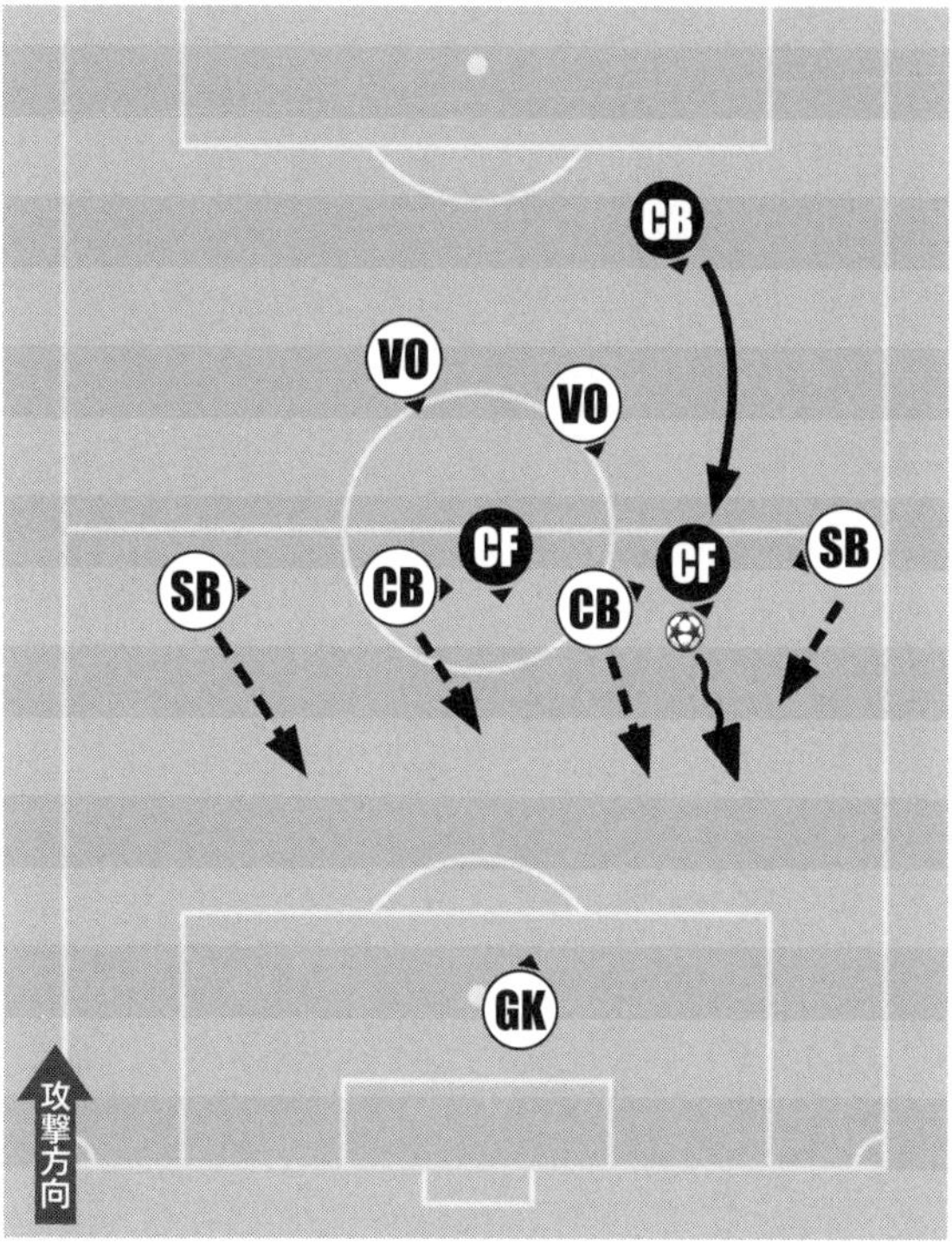

カウンターを受けてセンターバックが相手フォワードに付いている状況。ここでのセンターバックの対応のセオリーは、プレーを遅らせながら味方のサポートを待つことだ。もし突っ込んでしまうとかわされたときに対処のしようがない。個人の判断に任せる部分でもあるが、状況判断を正しくするためにもトレーニングは積んでおきたい

QUESTION

問題

28

相手ディフェンスラインがボールをつないでいる場面です。ゴールキーパーへバックパスをした際にプレスはかけたほうが良いでしょうか？

エリア	▶相手陣内
攻守	▶守備の局面
立ち位置	▶前向きの状態

ゴールキーパーへもプレスをかけるの?

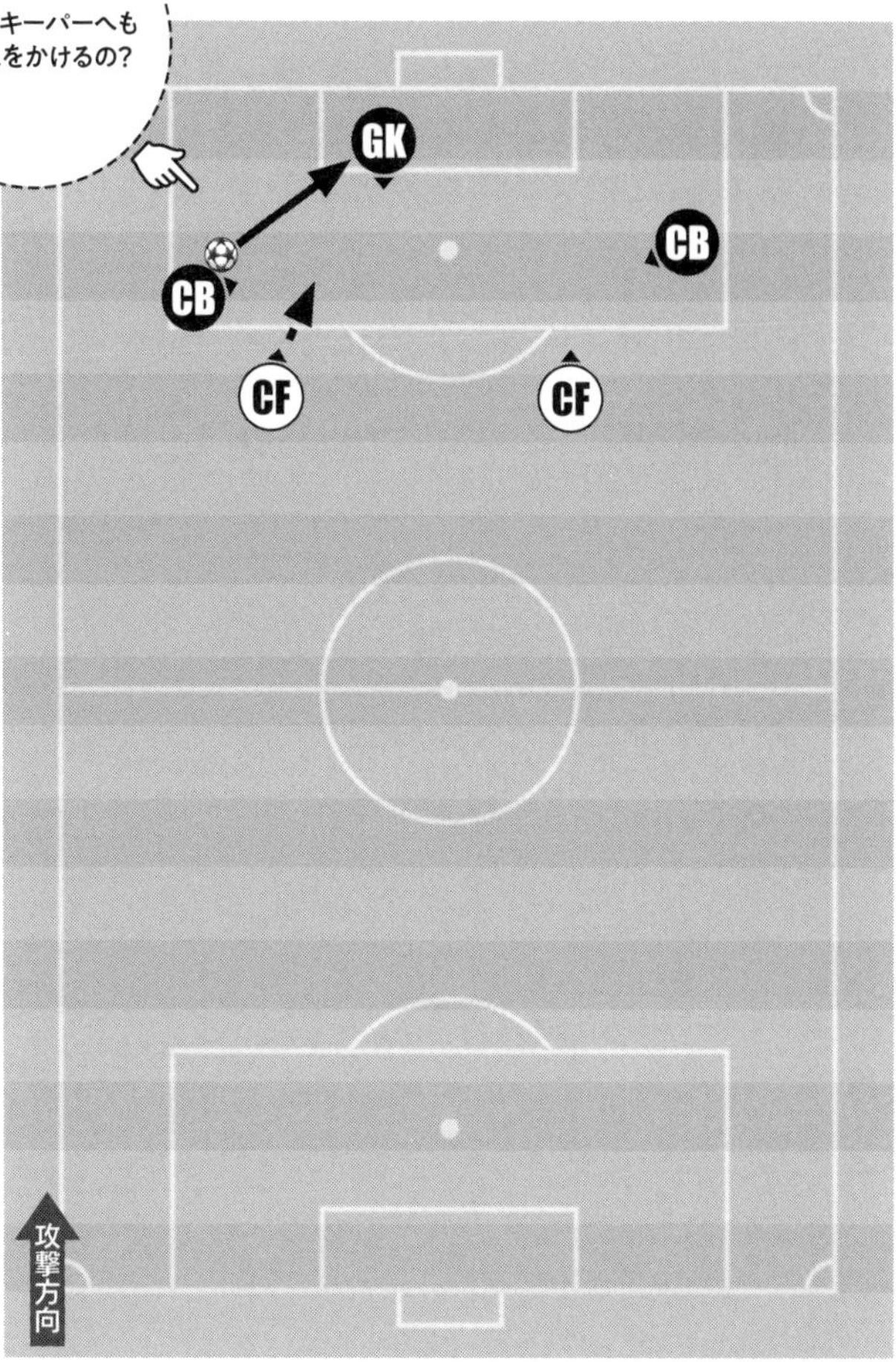

相手がディフェンスラインでボールをつないでいたがプレッシングの回避のためにゴールキーパーにバックパスをした。相手ゴールキーパーに対してファーストディフェンダーであるフォワードはプレッシングをするのか？　それともしないのか

ANSWER

正答例

「ゴールキーパーにボールが渡ったときに
追いかけるのをやめるとセットされる。
基本的にはプレスをかけるのがベスト!」

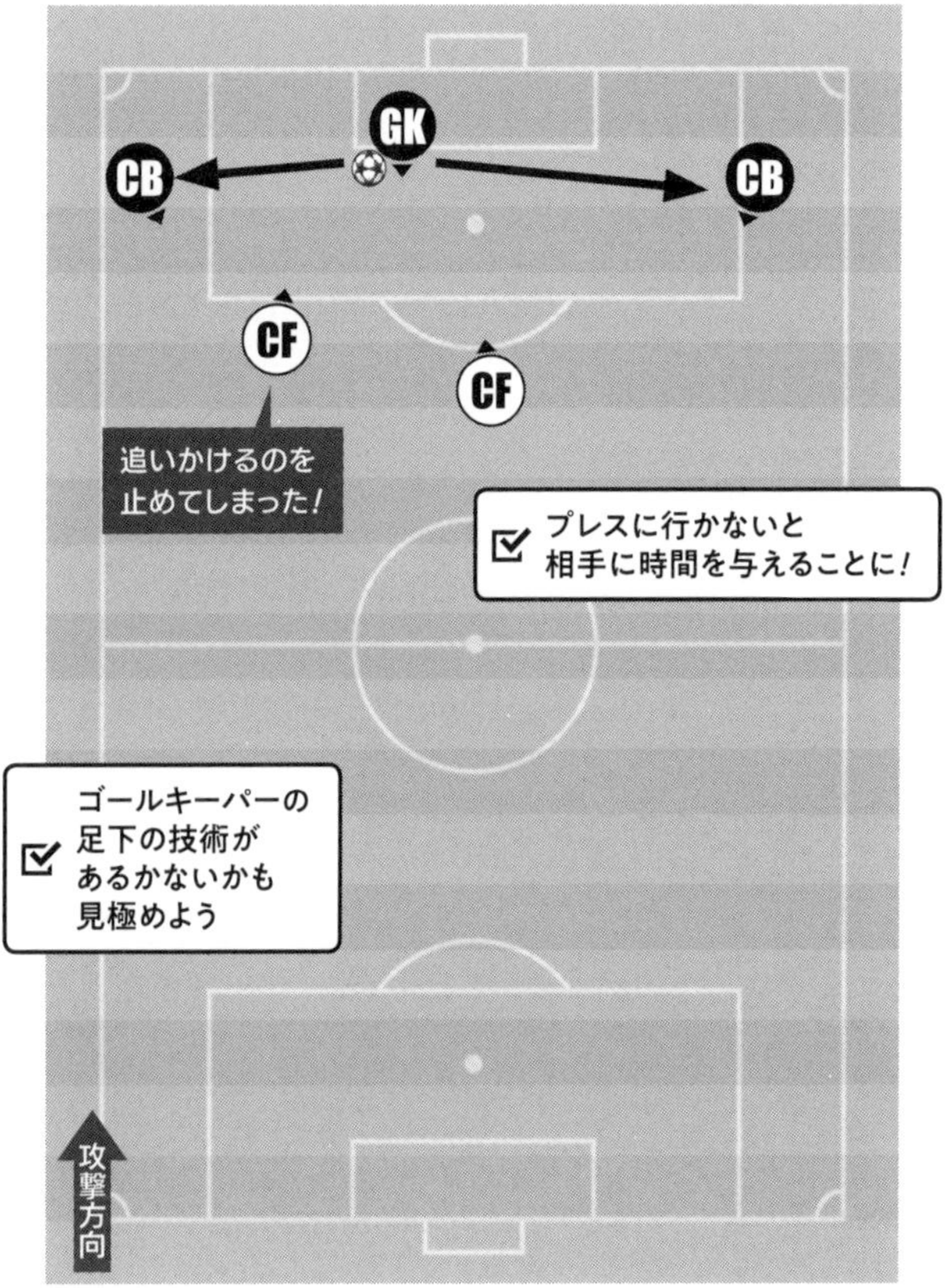
GK
CB
CB
CF
CF
追いかけるのを
止めてしまった!
プレスに行かないと
相手に時間を与えることに!
ゴールキーパーの
足下の技術が
あるかないかも
見極めよう
攻撃方向

センターバックからゴールキーパーへのボールの質でも判断する

基本的には、プレスをやめずに追いかけたほうが良いでしょう。ボールが下がったときに走るのをやめてしまうと、ゴールキーパーに時間を与えることになりセットされてしまいます。セットされると、プレー選択の範囲が広がるため、その後の守備で悩むこととなります。

それでは、ゴールキーパーに向かってどう追いかけるのかというと、いくつかの判断のもと決めていくようにしましょう。その判断とは、センターバックからゴールキーパーへのパスの質はどうなのか、ボールが出された位置はニアポスト側かファーポスト側か、パスの強さはどうなのかなどです。ゴールキーパーへ「スパン」と良い質のボールが通ったときは、ゴールキーパーには時間があります。そうすると、パスを出したセンターバックへのリターンパスも考えられます。そのときはセンターバックへのパスコースを背中で消しながら追いかけるようにします。自分の追い込みで何人へのパスコースが消せているかを考えながら動けるとなお良いでしょう。次に、パスがニア側ではなくファーポスト側に入った場合は、走る距離が長くなります。そのときは、逆サイドのフォワードに任せたほうが良い場合もあります。やみくもに追わず、二度追い、三度追いするように意識したほうが良いでしょう。

QUESTION

問題
29

ゴールキーパーへのプレッシングは100%の全力ダッシュで追いかけるのが良いと思いますか?

エリア	相手陣内
攻守	守備の局面
立ち位置	前向きの状態

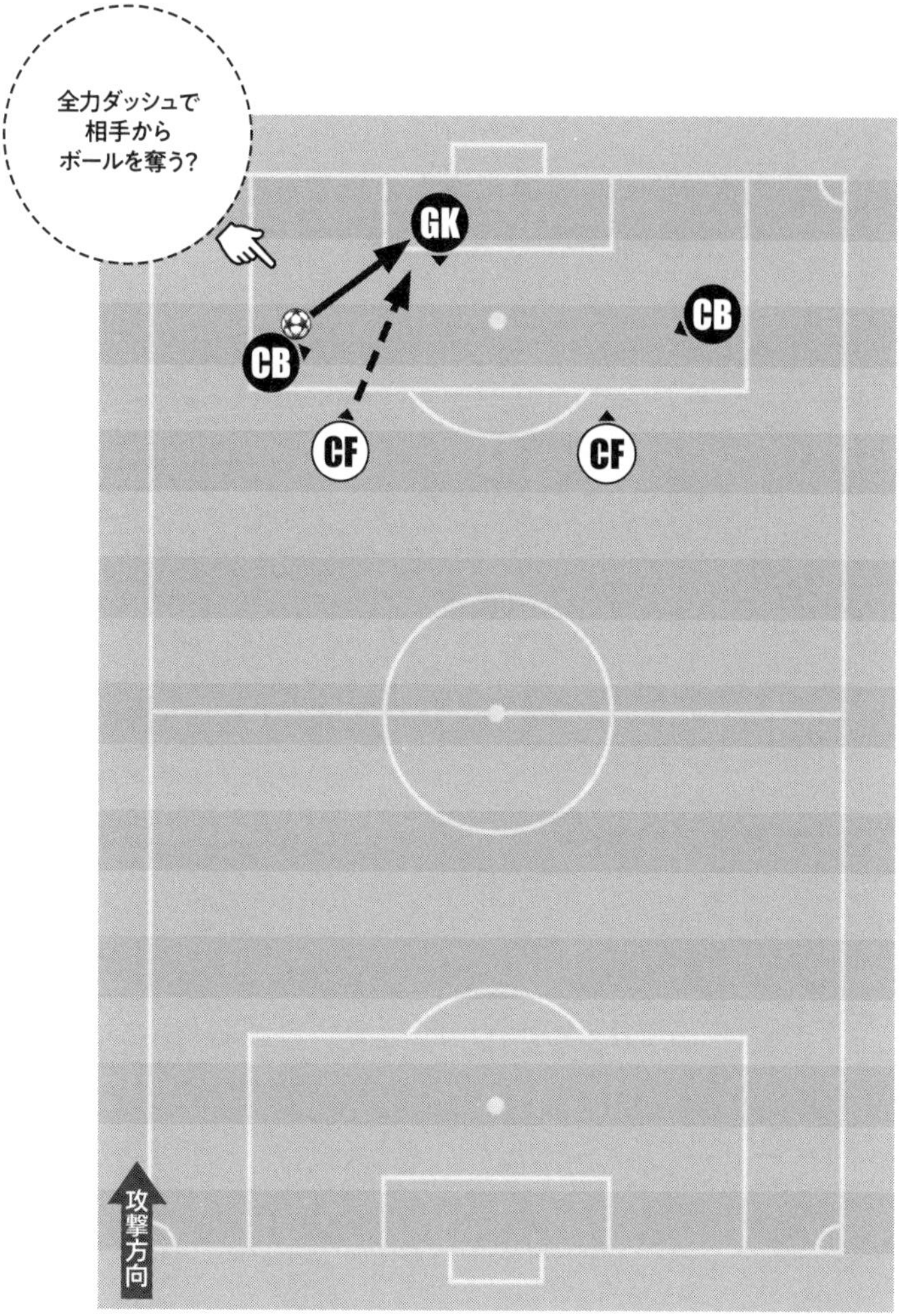
全力ダッシュで
相手から
ボールを奪う?
GK
CB
CB
CF
CF
攻撃方向

相手のセンターバックがゴールキーパーにバックパスをした。センターバックにプレスをかけていたフォワードは、そのままゴールキーパーへ全力ダッシュで追いかける。運が良ければボールが奪えるかもしれない

A N S W E R

正答例

全力ダッシュは簡単にかわされてしまう。
6、7割のスピードでプレスをかける

GK
CB
CB
CF
CF
相手を誘導するためのプレッシングだと意識！
全力で追いかけると簡単にかわされる！
攻撃方向

ファーストディフェンダーは誘導することが仕事になる

相手ゴールキーパーが受け取るパスの質にもよりますがゴールキーパーを追いかけるときは、１００％の全力ダッシュは効果的ではありません。なぜなら、ゴールキーパーが左右にボールを動かしかわしにきたときに、その場に止まれず対応することができないからです。

この状況で、ゴールキーパーからボールを奪える可能性はレベルが高くなればなるほど少ないです。全力で行ってフェイントでかわされて、センターバックにパスを出され、そのセンターバックにフリーで持ち出されると、チームとしての誘導が無駄になります。ファーストディフェンダーというのは相手を誘導することが仕事です。ファーストディフェンダーとセカンドディフェンダーが誘導をして、３人目、４人目でボールを奪うようにチームとして考えるのが、前線からの守備のセオリーとなります。それでは、どの程度のスピードで追いかければ良いのでしょうか。目安としては、全力の６、７割程度のスピードです。パスを出したセンターバックへのパスコースを背中で消しながら、ゴールキーパーへ圧力をかけつつコースを限定しながら追いかけ、チームが誘導したい方向にボールを出させるようにします。１００％の全力ダッシュは、ボールを奪う場面で使うようにしましょう。

QUESTION

問題

30

「守備のチーム戦術ですが
ゾーンとマンツーマン
どちらが効果的でしょうか?」

エリア	▶相手陣内
攻守	▶守備の局面
立ち位置	▶前向きの状態

人についたほうが
守備がしやすい?

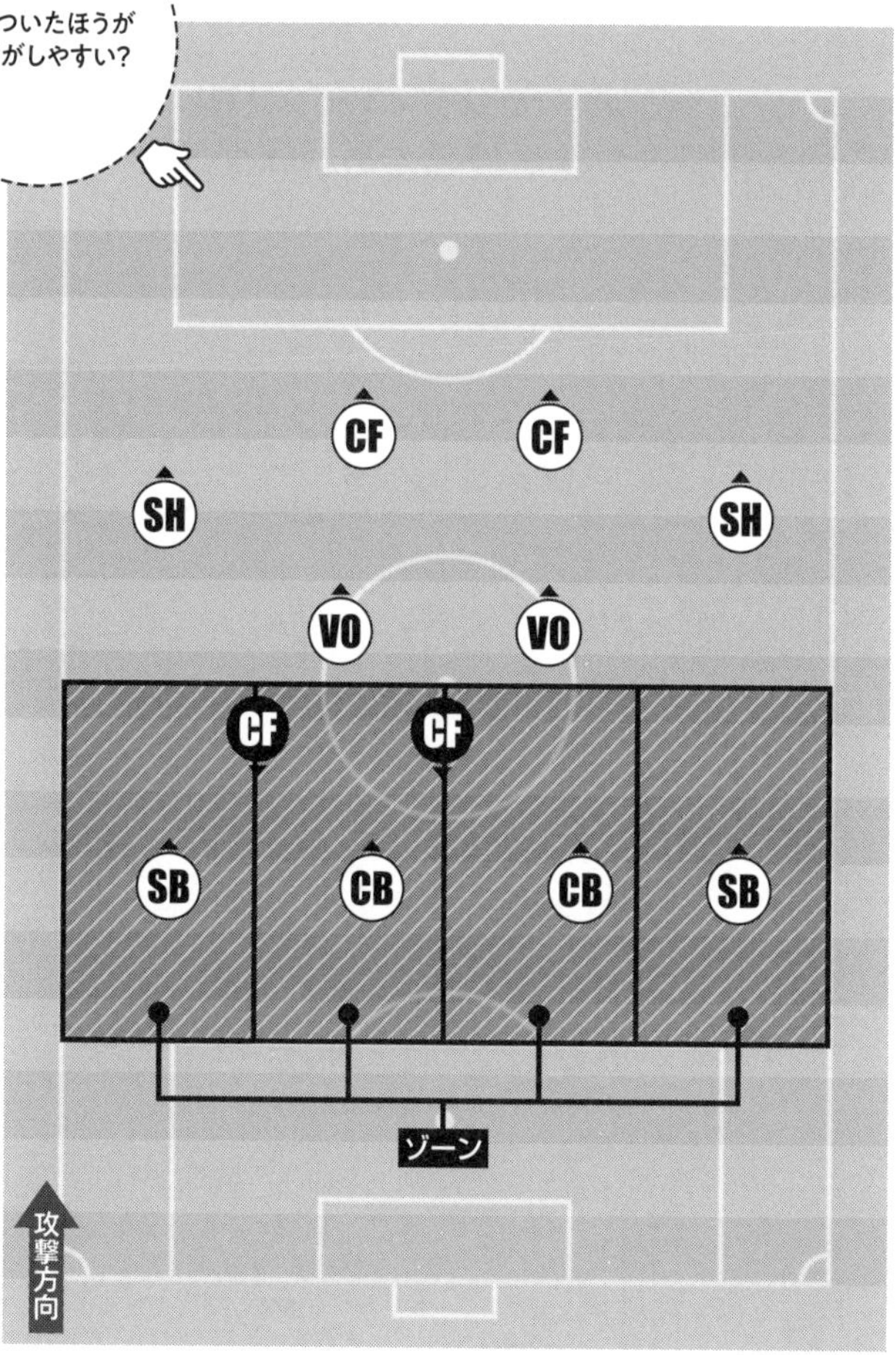

守備にはゾーンディフェンスとマンツーマンディフェンスがある。ゾーンを消すのか、それとも人について選手同士をマッチアップさせるマンツーマンなのか。どちらの守備戦術のほうが良いのだろうか

ANSWER

正答例

マンツーマンディフェンスは
個々のレベル差が優位であれば採用もあり

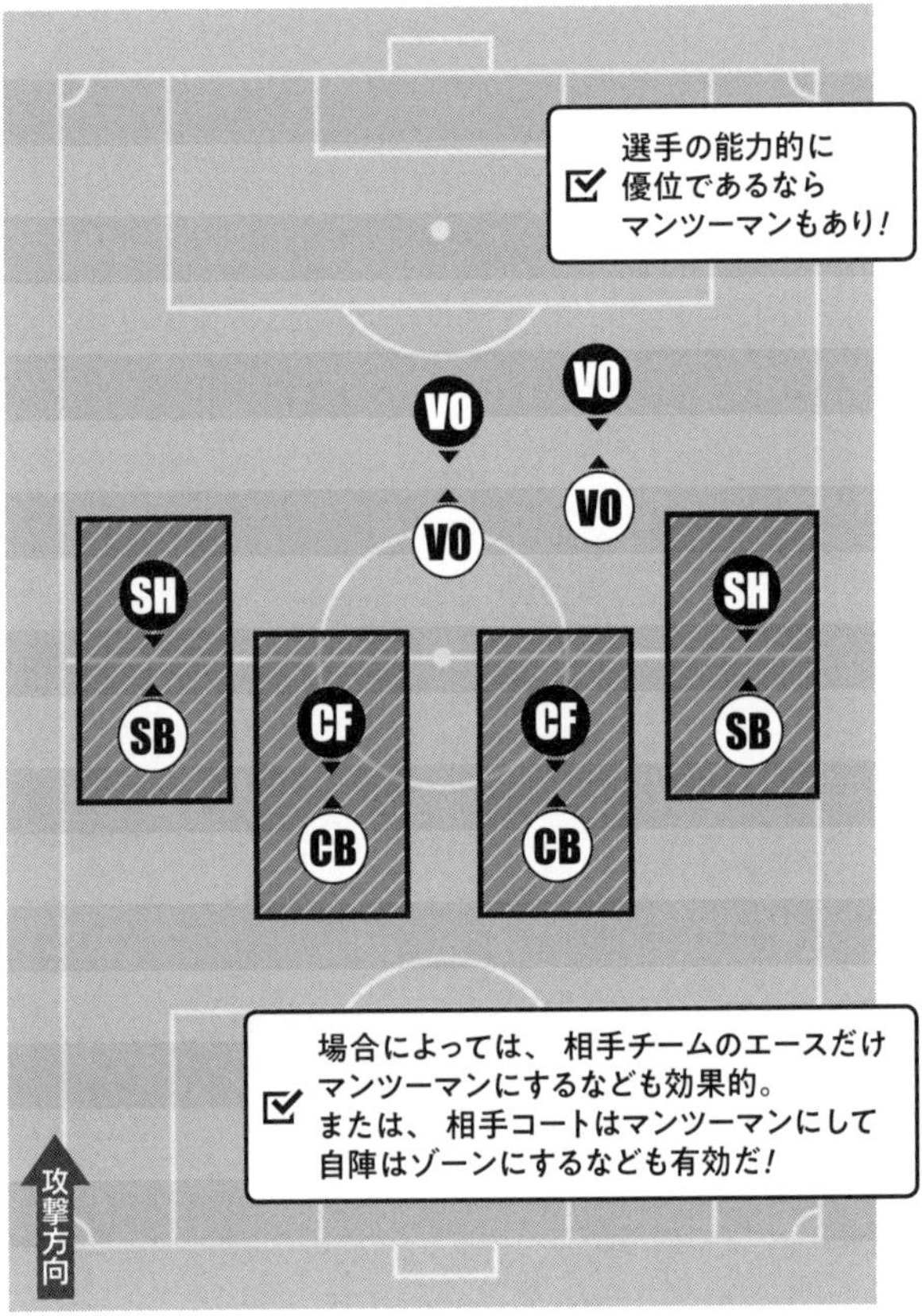
選手の能力的に
優位であるなら
マンツーマンもあり!
VO
VO
VO
VO
SH
SB
CF
CB
CF
CB
SH
SB
場合によっては、 相手チームのエースだけ
マンツーマンにするなども効果的。
または、 相手コートはマンツーマンにして
自陣はゾーンにするなども有効だ!
攻撃方向

守備戦術を考えるうえで何がリスクなのかを知っておきたい

ゾーンディフェンスとは、ピッチ上に選手を配置したときに、ポジション間のスペースを意識しながら、そのスペースにボールが入ったときに近くの選手が対応するという守り方。ピッチを均等に分けて担当を決めるのではなく、危険なエリアを消すためにチームのバランスを見ながら動いて守備をしていきます。一方のマンツーマンディフェンスは、その名の通り人を捕まえにいく守備法であり、それぞれマークする選手を決めて抑えていきます。相手選手とマッチアップさせますが、相手の立ち位置や動きによってはスペースが生まれやすくなります。

この2つの守備戦術の使い分けですが、選手の個々の能力が高ければ、マンツーマンディフェンスを採用するのもありです。1対1の守備に自信があり剥がされることがないのであればマンツーマンでも良いと思います。なぜなら、メリットとしてボールを奪った瞬間に数的優位が作れるからです。もちろんデメリットもあります。相手にドリブルで突破されると、カバーリングが遅れるため一気にピンチを招きます。逆にゾーンディフェンスは、1人が剥がされてもサポートしやすく、状況によっては人数をかけて守備をすることもできます。様々な条件のもとで選択するとは思いますが、どんなメリット、リスクがあるのかは知っておきましょう。

QUESTION

問題
31

足の速いフォワードを抑えるにはどんなディフェンスをするのが良いでしょうか？

エリア	相手陣内
攻守	攻撃から守備への切り替えの局面
立ち位置	前向きの状態

足の速いフォワードはどう抑えればいい?

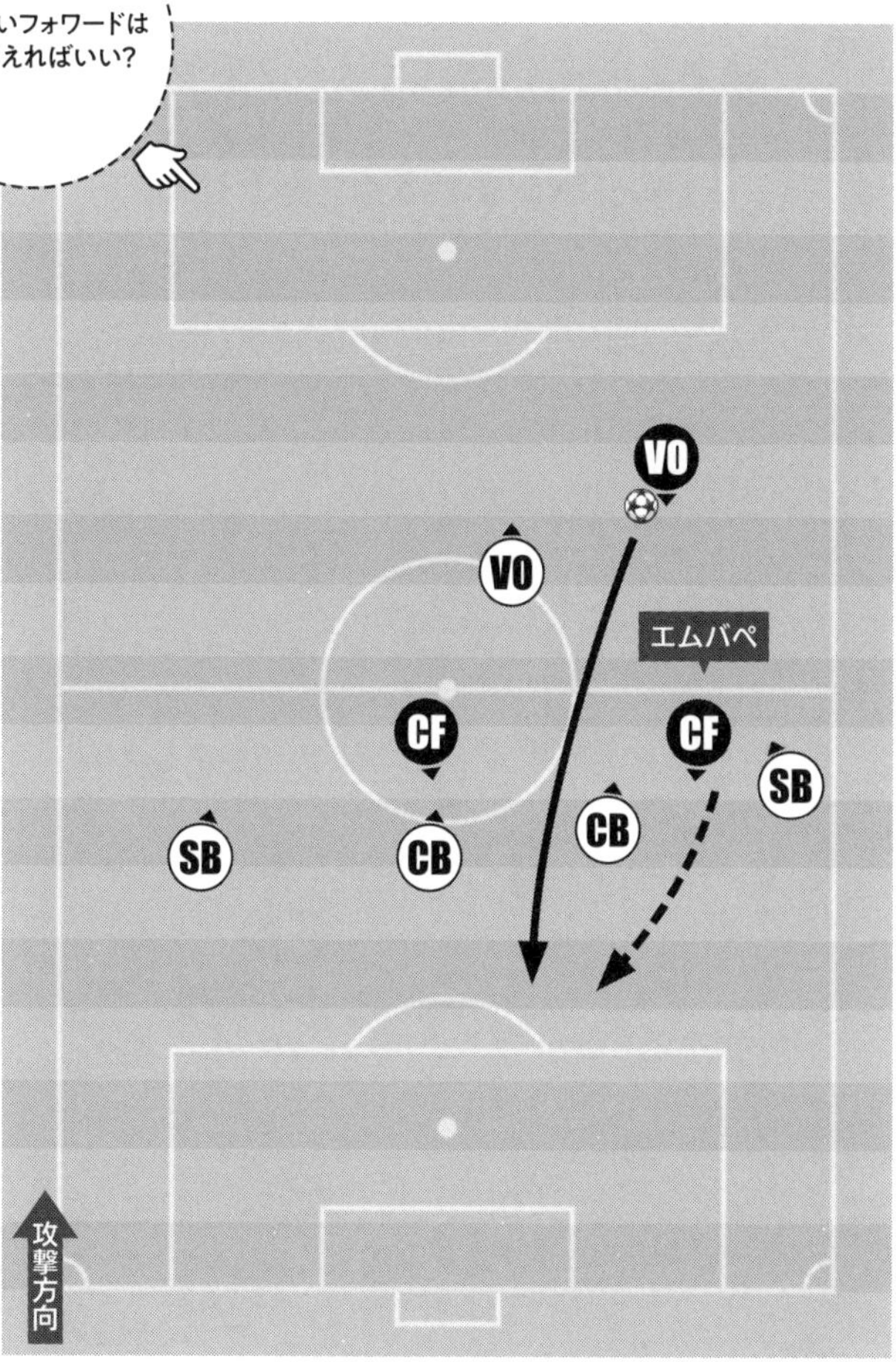

攻撃から守備に切り替わる場面。相手フォワードにはスピードを武器にしたエムバペのような選手がいる。前にスペースを与えてしまうと確実に突破されてしまう。このようなチーム相手にはどんな守備をするのが良いのだろうか

ANSWER

正答例

「走るスペースをなくすことが先決。ディフェンスラインを保ちながらミドルゾーンまでラインを下げる」

失点しないために
守り切るための
守備戦術も必要だ！
VO
CF
エムバペ
CF
VO
VO
SB
CB
CB
SB
ディフェンスラインを下げる！
GK
ラインコントロールを
することで
ディフェンス側主導で
「ヨーイドン！」を
仕向けることも可能だ！
攻撃方向

パスの出し手へのアプローチも忘れずに

フランス代表のエムバペのような驚異的なスピードを持つ選手に対する対応は困難を極めます。「ヨーイドン」で走るの勝負をしたら勝てる選手は少ないでしょう。日本の育成年代でも、たまに足の速いフォワードがいて、ぶっちぎられてゴールを奪われるシーンも良く見ます。このような選手を真正面から抑えようとするのは無理があります。彼らに与えてはいけないもの、それはスペースです。裏へのランニングをさせないための守備を個人だけでなくチームで考える必要があります。まずは、個人としての対応方法は、密着マークはしないことです。密着すると簡単に引き離されてしまいます。マークするときは背後を消した状態の位置取りを考えましょう。ボールが差し込まれた瞬間を狙う、もしくはパスの出し手を抑えるなど周りとの連携は必須になります。

チームとしては、裏へのランニングスペースをなくすためにミドルゾーンまでディフェンスラインを下げます。中央にブロックを作りコンパクトにした守備は必ずトレーニングしておいたほうが良いでしょう。足の速いフォワードがいるチームに対し、前線からのプレッシングはリスクが大きくなります。守り切ることを優先する守備への切り替えも必要なのです。

コラム
トレーニング

守備のトレーニング

チームのバイタルエリアでの守り方のトレーニング

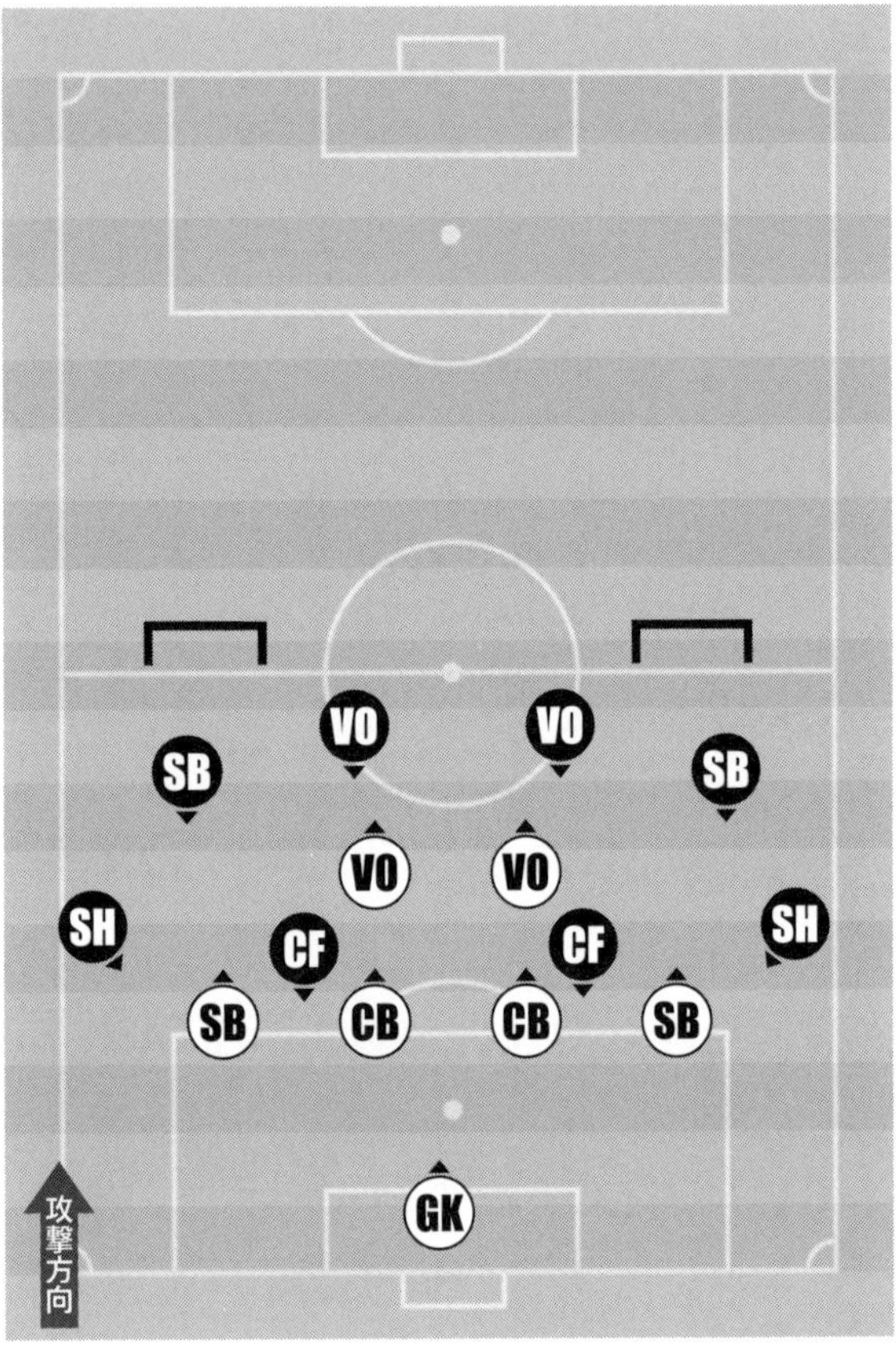

3章の攻撃のトレーニングと同様に、守備のトレーニングもスペインなどでは育成年代からみっちり行います。自陣のバイタルエリア付近で数的不利な状況で守り抜く術を磨くのです。守備のスライドやマークの受け渡しなどを徹底することで、チームにおける守備戦術のベースを身につけます。

トレーニング設定

・自陣のバイタルエリア（ペナルティエリア付近）を使用
・ディフェンスラインを4名、ボランチ2名の計6名を配置
・相手役はセンターバック以外の8名を配置

トレーニングの進め方

・相手ボールからスタート。基本はゴール前でブロックを作る
・相手からゴールを奪われないように
・フリーでシュートを打たれない。もしくはシュートコースを消す
・ボールを奪ったら前線へクリアまたは相手陣内の2つのミニゴールにパス
・同じメンバーで15分×4セットが目安

トレーニングで磨く内容

・守備のアプローチとサポート（行くタイミングと走るコース、サポートポジションなど）
・マークの受け渡し（受け渡しのタイミングなど）
・守備スライド（サイドにボールが渡ったときのスライドの方法とタイミングなど）
・ラインコントロール（オフサイドを狙うためのラインアップなど）
・守備から攻撃の切り替え（ポジティブトランジション）の意識

トレーニングのポイント

・育成年代から行い習慣化する
・数的不利な状況でどう守るかを覚える
・数的不利でもゴールを割られない術を磨く
・守備の立ち位置で、どう局面が変わるかを覚える
・守備の個人戦術とチーム戦術を同時に磨く

この章のまとめ＋α

この章の問題でポイントとなる要素をまとめています。

☑攻撃から守備への切り替え

❶守備戦術の考え方

➡選手の特性から守備戦術を決める

➡相手のカウンターの防御策を考える

➡ゴールに近いエリアでボールを奪えばチャンスになる

➡プレスを剥がされた状況もシミュレーションする

➡センターバックのカウンターの対応方法

➡各ポジションの守備時のポジショニングや絞る、下がるなどの動きを明確にしておく

❷前線からのプレッシング

➡相手ゴールキーパーやセンターバックへはプレスをかけ続ける

➡ゴールキーパーへのプレッシングは6、7割のスピードで走る

➡ファーストディフェンダーは誘導することが仕事

➡前線でボールを奪えればゴールチャンスが増す

➡攻撃と違い守備は、トレーニングを積めばオートマチックに動けて失敗が少ない

➡前から行くときはチームでの共通理解のもと、行くと決めたら勇気を持ってプレッシングする

☑守備のチーム戦術

❶ゾーンディフェンス

➡特定の選手をマークするのではなく、ポジション間のスペースを意識しながら、そのスペースにボールが入ったときに近くの選手が対応する守備方法

➡カバーリングがしやすい

➡数的優位な守備ができる

❷マンツーマンディフェンス

➡特定の選手をマークして、人を捕まえる守備方法

➡1対1で突破されるとカバーが遅れやすい

➡1対1の守備に自信があるなど個々の選手の能力が高ければ使える

➡ボールを奪ったときに数的優位な状況を作りやすい

❸ディフェンスラインの高さ

➡高い位置に設定すればプレッシングが効果的

➡相手に足の速いフォワードがいれば、走るスペースを消すためミドルゾーンでラインコントロール

➡守備をリセットするなら一度自陣まで下げてブロックを作る

おわりに

本書は、ゴールを決めるために、どう攻撃を組み立て、崩すのか。その攻撃につなげるためにどんな守備をするのか。その手段や考え方を解説してきました。

冒頭でも説明しましたが、サッカーの目的は得点を決めて試合に勝つことで、戦術はそのための手段です。手段というのは、ひとつではありません。数多くの手段を、相手チームやピッチ状況、自チームのメンバー構成など、様々な状況で使い分けていくこと。試合開始から刻々と変化する試合の流れに合わせて、戦術も変化させることができないといけません。監督からの指示をまたずとも、自分たちで判断、決断できるようになることを目指してください。

指導者の方には、世界の戦術のトレンドだけを追いかけるのではなく、所属する選手に合った戦術を、日本人に合った戦術を考えてもらいたいと思います。

海外の子どもたちは、何も言わないと自由気ままにプレーをしてしまいま

す。そのため、戦術という縛りを与えてプレーを制限しています。逆に日本の子どもたちは、戦術を与えないとプレーが進まない傾向があります。国民性と教育の違いでもありますが、海外の戦術をそのまま持ち込んでも上手くはいきません。現代では、たくさんの戦術情報があります。その中から創意工夫をして、独自の戦術を見つけてください。そして、その戦術だけにとらわれずに、前述しましたが状況によって変化させられるように、日頃からトレーニングで実践してもらいたいと思います。

　本書で紹介したプレーの正答例もすべてではありません。この中から自分なりに何がベストなのかを考え、実際に試合で使ってみてどうだったかを確かめてみてください。最初は上手くいかないことが多いかもしれません。ただ、失敗を続けていくことで、大きく成長します。サッカーという奥深いスポーツを大いに楽しんでください。読んでいただいた皆さんに、少しでも役に立てば幸いです。

安永聡太郎

著者

安永聡太郎
（やすなが・そうたろう）

1976年4月20日山口県生まれ。高校サッカーの名門・清水市立清水商業高校（現・静岡市立清水桜が丘高校）で全国高校サッカー選手権大会など6度の日本一を経験。U-20日本代表に選出され、FIFAワールドユース（現・U-20W杯）に出場。高校卒業後、横浜マリノス（現・横浜F・マリノス）に加入。1年目から主力として活躍し、優勝に貢献。翌1997年にスペインのレリダに移籍して、34試合出場4得点。1999年に清水エスパルスに加入し、Jリーグ・セカンドステージ優勝に貢献した。2001年に横浜F・マリノスに戻り、2002年に期限付き移籍で再びスペインへ。1年間、ラシン・デ・フェロールでプレーした後、横浜F・マリノスに復帰。2005年に柏レイソルに移籍して現役を引退。その後は指導者に転身し、脳性麻痺7人制サッカー（CPサッカー）日本代表監督、JリーグSC相模原監督を歴任。現在は、JFAこころのプロジェクトの夢先生やサッカー解説者として活動。

選手歴

横浜マリノス（現・横浜F・マリノス） 1995-1998年
レリダ 1997-1998年 ※期限付き移籍
清水エスパルス 1999-2001年
横浜F・マリノス 2001-2004年
ラシン・デ・フェロール 2002年 ※期限付き移籍
柏レイソル 2005年

日本代表歴

●U-20日本代表
1995年FIFAワールドユース
●U-23日本代表
1996年アトランタ五輪最終予選メンバー
1996年アトランタ五輪代表 バックアップメンバー
●A代表
1998年日本代表候補
1999年キリンチャレンジカップ日本代表
（※怪我のため辞退）

指導歴

脳性麻痺7人制サッカー日本代表監督 2016年
JリーグSC相模原監督 2016-2017年
専修大学サッカー部ヘッドコーチ 2021年〜

「次はどう動く?」サッカー脳を鍛えるプレー問題集

2021年8月15日 初版第1刷発行
2023年12月15日 初版第3刷発行

著 者 安永聡太郎
発行者 廣瀬和二
発行所 辰巳出版株式会社
〒113-0033 東京都文京区本郷1-33-13 春日町ビル5F
TEL 03-5931-5920（代表）
FAX 03-6386-3087（販売部）
URL http://www.TG-NET.co.jp

印刷・製本所 中央精版印刷株式会社

Printed in Japan
ISBN 978-4-7778-2812-8 C0075